LA ESCUELA SIN DOGMAS

La comisión proescuelas racionalistas (1935)

COLOSSUS
22

CALUMNIA
2024

**Legu, kopiu, diskonigu, reverku,
kantu, muzikigu, kriu, recitu
ĉi Libron, Diskonigu la Ideon!**

Llegiu, copieu, difoneu, reescriviu,
canteu, musiqueu, crideu, reciteu
aquest Llibre, Difoneu la Idea!

La escuela sin dogmas. La comisión proescuelas racionalistas (1935)
Texto: Miguel Á. Martínez Martínez
Edición: Jordi Maíz | Raúl Montilla Torres

Colección Colossus, n. 22, 13x18 cm, 132 p., 2024.

CALUMNIA EDICIONS
info@calumnia-edicions.net

noviembre de 2024
ISBN 978-84-128279-9-6
DL: PM 00873-2024

[MIGUEL Á. MARTÍNEZ MARTÍNEZ]

LA ESCUELA SIN DOGMAS
LA COMISIÓN PROESCUELAS
RACIONALISTAS (1935)

PRESENTACIÓN

Que un pequeño grupo de sindicalistas, universitarios, maestros, catedráticos soliciten en 1935 el apoyo de la clase trabajadora para fundar escuelas racionalistas plantea varias preguntas: quiénes eran los firmantes de un manifiesto con ese objetivo, qué características pedagógicas les unían y, finalmente, en qué consistían las denominadas escuelas racionalistas. Vamos a adentrarnos en los rastros biográficos de figuras sorprendentes, tanto por sus decisiones personales, como por sus relaciones con la enseñanza de diferentes niveles. Descubriremos personalidades fascinantes a quienes una dictadura les dio la espalda para arrojarlos a un exilio en el que tuvieron que sobreponerse a multitud de dificultades. De algunos, prácticamente nada se sabe, de otros, el desconocimiento sobre lo que hicieron debe ser remediado cuanto antes.

En apenas nueve años, entre 1931 y 1939, Madrid vivió acontecimientos brillantes y trágicos, también en materia educativa. Al comenzar la Segunda República, alrededor del 45% de la población no estaba escolarizada, a pesar de los enormes esfuerzos institucionales y sindicales por transformar la sociedad desde la educación. Se crearon escuelas, institutos de secundaria y de enseñanza profesional antes y durante la contienda. Por ello, sigue siendo lícito preguntarse cómo hubiera progresado España en ciencia, educación y cultura sin la traición de los elementos sociales que condujeron a la Guerra Civil[1].

En apenas tres años, el ministro de Instrucción Pública Jesús Hernández aprobó el Plan de Estudios de la Escuela Primaria en 1937; en Cataluña se constituyó el Consejo de la Escuela Nueva Unificada, que supuso una auténtica transformación del sistema educativo y que, cuando en abril de 1938, el cenetista Segundo Blanco y el nuevo subsecretario, el maestro Juan Puig Elías, accedieron a sus cargos, continuaron implementando la creación de escuelas desde la óptica de los principios del CENU, priorizando la difícil tarea de alejar de los desastres de la guerra a la infancia mediante su evacuación, atendieron la cultura, promovieron institutos obreros, las Bellas Artes, las Milicias de la Cultura y las Brigadas Volantes en los frentes y retaguardia[2].

En estos años, la escuela trató de sacar a la infancia y a la juventud de las calles para ofrecerles, en lo posible, una continuidad con su vida diaria fundando colonias, tanto en el territorio republicano como en el exterior; estableciendo cantinas escolares para asegurar una mínima alimentación y hubo que seguir proporcionando edificios, material y dinero a las escuelas y organismos educativos.

Al mismo tiempo, el movimiento libertario, a través de la Federación Anarquista Ibérica (FAI), la Federación Ibérica de Juventudes Libertarias (FIJL), Mujeres Libres y el Sindicato de Enseñanza de la CNT, fundaron y desarrollaron escuelas, aulas, talleres, conferencias y cursillos para todas las edades, en la mayor parte de los casos bajo el auspicio de los Ateneos Libertarios, denominándose escuelas racionalistas, reclamando la continuidad con la Escuela Moderna y la pedagogía libertaria. En Madrid se establecieron la Federación Local de Ateneos Libertarios y el Consejo Local de Cultura, que acogió a numerosas entidades educativas entre las que destacó el Instituto Ferrer.

Organismos libertarios que se propusieron atender a la infancia, a las primeras edades y a las mujeres embarazadas; organizar la cultura y la alfabetización de los soldados a través de las Milicias de la Cultura; atender, igualmente, a la población universitaria; establecer mediante organizaciones como Mujeres Libres, la formación en todos los órdenes de miles de mujeres que se abrían paso conquistando su lugar social y sus derechos en pie de igualdad con el resto de entidades políticas, sindicales o culturales.

Mientras la juventud y los enseñantes peleaban y morían, la retaguardia sufría la escasez, el hambre, el miedo, las bombas... Y al final, la victoria de los fascistas condujo a la depuración, al encarcelamiento, al asesinato o al exilio a miles de personas.

A las maestras y los maestros que fueron autorizados a volver a ocupar plazas en otras provincias o ejercer su profesión pasados bastantes años, el silencio alcanzó sus vidas, sus palabras y a las técnicas de una escuela activa con las que modernizaron las aulas antes del triunfo de la escuela nacionalcatólica[3].

Enseñantes racionalistas, bastantes sin titulación oficial, pero con una enorme valía profesional y una vocación marmórea a quienes únicamente les quedó el silencio, en el caso de permanecer en la *nueva España*.

El objetivo de este estudio es indagar en un modelo pedagógico transformador, racionalista y humanista; sacar del olvido a un puñado de intelectuales y sindicalistas que con enormes dificultades intentaron construir la utopía desde la educación.

En varios lugares de la geografía republicana se constituyeron comisiones de apoyo a las escuelas racionalistas, ya que requerían fondos propios para su existencia. En la prensa confederal se recogen convocatorias, como la del Ateneo Libertario de Barrios Bajos que en su sede de Dr. Furquet, 17 para "organizar un beneficio a favor de nuestras escuelas racionalistas" convoca a las Comisiones Pro-Escuela de todos los Ateneos Libertarios de Madrid (*CNT*, n.º 12, 26 de noviembre de 1932).

En Madrid nos encontramos con una Comisión formada por personalidades muy diversas, pero cuyo rastro ha reportado sorprendentes encuentros. Necesitamos reflexionar sobre el significado de la escuela racionalista madrileña, donde apenas la huella de Ferrer dio tiempo a pisar el suelo de los barrios obreros, pero que, durante años de guerra, consiguió llenar de vida las calles donde la sombra de la aviación y el terror fascista se proyectaba en los dibujos y en los sueños de la infancia.

[01]

LA COMISIÓN

Un anuncio en *Tierra y Libertad* n.º 14, Valencia, 19 de noviembre de 1935 y en *La Revista Blanca*, n.º 350, Barcelona, 4 de octubre de 1935, reunió a varios protagonistas del anarquismo procedentes de diversos orígenes y profesiones para promover el establecimiento de una escuela racionalista con los postulados de la Escuela Moderna de Ferrer Guardia.

Los firmantes del texto fueron Francisco Trigo Domínguez, Secretario de la Comisión organizadora y de profesión Químico; Rafael Monteagudo, Tesorero y

Maestro racionalista; Francisco Tortosa, vocal en la Comisión y Publicista; José Pardo Babarro, Vocal y Doctor en Medicina, además de Maestro Nacional; Hilario Guijarro, Vocal y obrero ferroviario; Miguel Giménez Igualada, Asesor y Maestro racionalista; Felipe Muñoz, Asesor y Maestro racionalista; Laudelino Moreno, Asesor, Catedrático de Geografía y Publicista. Personalidades tan distintas y, sin embargo, tan cercanas a una hermosa idea abrazada por el anarquismo como el camino más seguro para alcanzar lo que denominaban *La Idea*.

En el grupo no encontramos la firma de mujeres, a pesar de que conocemos la personalidad de Isabel Fernández —compañera de Miguel Giménez—, así como la importantísima labor de las maestras racionalistas en las escuelas de los ateneos y sindicatos cenetistas. En grupo formado por personalidades de diversa formación, de consistente y sólido trabajo universitario en algún caso, se vio arrastrado por una cruel guerra y por un exilio que privó a España de contar con sus aportaciones en distintos campos de la cultura, la ciencia y el pensamiento anarquista.

Con el tiempo, algunos se encontraron en países que hicieron suyos, otros destacaron en sus profesiones o en las que tuvieron que adoptar. Los hallamos en universidades, en círculos culturales o tristemente desaparecieron en el frente bélico o en la Dictadura.

Miguel Giménez Igualada dará forma en México a sus ideas pacifistas desde la escritura, como ensayista y poeta. De Hilario Guijarro, de quien apenas podemos seguir un breve hilo en la prensa anarquista. Rafael Monteagudo, ejerciendo su labor en el Comité Nacional de la CNT en Valencia, analizará la labor del maestro por vocación y, como en otros casos, apenas tendremos noticias tras la guerra de quien fue un enseñante racionalista. Laudelino Moreno Fernández continuará escribiendo hasta crear una inmensa y valiosísima obra académica, llegando a ser profesor en la Universidad del Sur de California. Felipe Muñoz fue un maestro sólido en su formación, que supo llevar a la práctica en unas condiciones terribles para la infancia una metodología que continúa haciéndose realidad en las escuelas actuales. José Pardo Babarro, el médico que apostó desde el principio por una educación de la salud y de la sexualidad, fallecerá en la guerra. Francisco Tortosa Albert, conferenciante marcado por la tragedia familiar llegará a ser un afamado pintor en México, aún casi desconocido en España. Francisco Trigo Domínguez, volcará sus esfuerzos desde el ministerio de Federica Montseny en la atención primaria a la infancia y a las madres, promoviendo una educación lo más temprana posible.

Tierra y Libertad, Valencia 19 de noviembre de 1935, n.º 14; *La Revista Blanca,* Barcelona 4 de octubre de 1935, n.º 350

A todos los amantes de la cultura racionalista:

Nos dirigimos a vosotros en demanda de ayuda moral y material a nuestra obra cultural de amor a los niños.

Vivimos momentos trascendentales en el progreso humano y la lucha entablada necesita la colaboración entusiasta de todas las fuerzas afines de todos los hombres desinteresados que sientan las mismas ansias de libertad y de justicia social.

Creemos firmemente que el principio de la libertad está en la solución del problema económico, que con ello son estériles todas las revoluciones de tipo político y que para solucionarlo es imprescindible educar al pueblo, a las nuevas generaciones, arrancando de la enseñanza infantil los prejuicios, sofismas, dogmas y convencionalismos, que prostituyen la inteligencia y la conciencia del niño. Tan ligados creemos estos dos problemas, el económico y el cultural, que no puede resolver el uno sin el otro, a medida que aumente la cultura racional del pueblo, mejor comprenderá sus problemas y más capacitado estará para resolverlos y a medida que sean mayores las posibilidades económicas, con mayor rapidez se podrá adquirir la cultura.

Estamos convencidos de que el Estado político (aunque se llame democrático) es impotente para solucionar el problema de la enseñanza, pues las estadísticas nos dicen que, en la propia capital de la República laica de trabajadores, existen 26.000 niños sin escuela (¡qué será en las provincias, pueblos y aldeas!) y al Estado le es más perentorio emplear el dinero de los presupuestos en armas y organismos represivos por el imperativo categórico de su propia conservación. Por otra parte, las escuelas oficiales llenan las inteligencias de los niños de mitos religiosos, patrióticos y legalistas que les pesa luego como losa de plomo que les impide alzar el pensamiento hacia más altas concepciones humanas, por lo que la enseñanza y la cultura en manos de la burguesía, el Estado, la tiranía y el clero son, más bien, perniciosas para los niños que salen de las escuelas (aun de las llamadas laicas) llenos de sofismas, que retardan o dificultan la comprensión de los problemas que rodean al hombre y los sigue sumiendo en la esclavitud del dios de las religiones, de la patria, de la autoridad y los derechos sagrados y divinos del capitalismo...

Un grupo de hombres, modestos y decididos, nos proponemos luchar por salvar a nuestros hijos, a la presente generación y a las venideras, de la ignorancia y de la cultura mediatizada y sectaria (¡que no sabemos qué es peor!), creando la Escuela Racionalista, la Escuela Libre, que tienda a formar en los niños conciencias libres; una escuela que tenga las mayores posibilidades de que la iniciación de los niños en la vida consciente sea fecunda a la par que encantadora.

¡Odiamos la vieja escuela, mezcla de iglesia y cuartel, con sus mesas estrechas, incómodas y antipáticas, sus carteles sucios, ajados, con más agujeros que letras, sus mapas desconchados como viejas paredes de callejones intransitables para la decencia, que ostentan entre sus desgarraduras pueblos, ríos y montes mutilados!... ¡Todo sucio, todo triste, todo viejo e inarmónico... y en la plataforma (infranqueable barrera ante los niños) está, como en un altar, la figura hierática del maestro, y sobre la mesa, la pesada palmeta de encina que rompe las chiquitas manos que se ofrendan al rabioso Moloch, y los finos verduguillos de la aromosa oliva, que se doblan y abrazan sin romperse a los cuerpecitos tiernos y las disciplinas, cuyas finas correas terminan en bolitas de plomo que se incrustan en las carnes cuando el maestro, como un loco o un poseso, las esgrime con ira!

¡Odiamos a la vieja escuela-templo, donde la enseñanza es considerada como un sacerdocio, en cuyas aulas retumban los cánticos litúrgicos, tristes y quejumbrosos, como si salieran de las gargantas de seres cansados de la vida, cuando los obligados a entonarlos acaban de asomarse a ella deseosos de gustar sus mieles, y donde los maestros son sacerdotes del ritual pedagógico divino, que ama a su ciencia, a su escuela, y no ama al niño!

¡Odiamos a la vieja escuela que infunde el terror en el niño y crea en su corazón el principio del odio nefando que *agria el carácter, sofoca los mejores instintos y mata los apetitos de saber que el niño debe tener siempre despiertos!*

¡Queremos una ESCUELA MODERNA, una ESCUELA RACIONALISTA, una ESCUELA LIBRE, limpia, sana, alegre, con EDIFICIO PROPIO Y APROPIADO, según la moderna ciencia pedagógica, con aulas espléndidas y alegres, con piscinas, campos de deportes y recreos, jardín y huerta, con material de enseñanza moderno, pero sin cantos litúrgicos ni himnos guerreros ni patrióticos, sin dogmas, sin prejuicios, donde el maestro sea un amigo cariñoso y un guía experto, donde la enseñanza cree en los niños sugestiones alegres, que despierten estímulos y apetencias de saber y donde el niño esté por encima del medio y se respete y comprenda la ley biológica!

¡Amamos y deseamos una escuela que sea la decoración y el escenario en los que maestros y niños van a ser actores, espectadores y espectáculo; donde sea lo primordial el niño; lo secundario, el método; lo esencial, el individuo; lo accesorio, el traje!

¡Queremos, en fin, una ESCUELA SIN DIOS, SIN PATRIA Y SIN REY, y sin más ley que la biología, encauzada por el arte y la ciencia de la pedagogía! En una palabra. ¡LA ESCUELA MODERNA, LA ESCUELA RACIONALISTA, LA ESCUELA LIBRE!

Para crearla, para adquirir los locales y el material para pagar al maestro, que como humano necesita cubrir sus necesidades, es preciso DINERO (hasta el día, próximo, en que para nada sea preciso el dinero). Hace falta propaganda, amor, iniciativas... y todo lo que os pedimos a vosotros, organizaciones y hombres amantes de la cultura y de la libertad, en la plena seguridad de que CON ELLO LABORÁIS EFICAZMENTE POR EL MÁS PRONTO ÉXITO DE VUESTROS IDEALES DE PAZ Y FRATERNIDAD UNIVERSAL.

¡Abrid suscripciones en vuestros domicilios sociales, inscribíos como socios protectores, enviadnos delegados que nos ayuden en la labor de organización y propaganda, organizad veladas teatrales, artísticas, musicales, deportivas, etc., en beneficio de nuestras escuelas!

¡Esperamos vuestros ofrecimientos, grupos artísticos y deportivos! ¡Ofrecednos vuestros locales y vuestros oradores para Asambleas y Conferencias, organizaciones de obreros, estudiantes e intelectuales, pues de todo y de todos necesitamos!

¡TRABAJADORES, ESTUDIANTES, MAESTROS, INTELECTUALES, PUEBLO NOBLE QUE AMA, DADNOS VUESTRAS INICIATIVAS Y CARIÑO Y TRIUNFARÁ NUESTRA OBRA, QUE TANTO CONTRIBUIRÁ

*A LA DERROTA DE LA TIRANÍA Y A LA IMPLANTA-
CIÓN DE UN RÉGIMEN DE LIBERTAD Y JUSTICIA!*

*¡TODOS POR LA ESCUELA MODERNA, POR LA ES-
CUELA RACIONALISTA, POR LA ESCUELA LIBRE!*

*Dirigid la correspondencia y los donativos al Tesorero
Rafael Monteagudo, Maestro racionalista, calle Willson,
número 52, de Tetuán de las Victorias (Madrid).*

*Por la Comisión Organizadora, FRANCISCO TRIGO
DOMÍNGUEZ, secretario (Químico); RAFAEL MONTEA-
GUDO, Tesorero (Maestro racionalista); FRANCISCO
TORTOSA, Vocal (Publicista); JOSÉ PARDO BABARRO,
Vocal (Doctor en Medicina y Maestro Nacional); HILARIO
GUIJARRO, Vocal (obrero ferroviario); MIGUEL GIMÉ-
NEZ IGUALADA, asesor (Maestro racionalista), FELIPE
MUÑOZ, Asesor (Maestro racionalista), LAUDELINO MO-
RENO, Asesor (Catedrático de Geografía y Publicista).*

[02]

IDEAS PEDAGÓGICAS DE LA COMISIÓN PROESCUELAS RACIONALISTAS

L a conferencia comienza a las siete de la tarde. El salón más grande del Ateneo Libertario de Cuatro Caminos se halla abarrotado. La fama de quien va a protagonizar el acto supera los círculos anarquistas madrileños. Distingo el rostro de ojos luminosos del profesor Moreno. Se mezclan las voces de quienes acaban de llegar del trabajo, los saludos, los primeros cuchicheos mandando callar al auditorio. Luego nos vemos, le indica el maestro Monteagudo a su compañero Muñoz. ¿Has acabado la redacción del manifiesto?, pregunta, obteniendo por respuesta una sonrisa y un gesto de asentimiento. Sólo me falta que firme Tortosa, pero aún no ha llegado. Los aplausos reciben al presentador, otro compañero que suscribe el texto, el ferroviario Guijarro.

Para los anarquistas firmantes, la enseñanza es el camino que mejorará la sociedad, la única manera de abolir la esclavitud de la ignorancia y avanzar en las condiciones de vida del proletariado. Superan así una cierta polémica entre Ferrer y Mella, donde la fe en la razón no puede excluir otras emociones y condicionantes. En los dos primeros párrafos se llama a la ayuda mutua —principio anarquista—, aunque se hace desde el presupuesto de que quien lea el texto será "amante de la cultura". La pasión por el estudio, por el aprendizaje continuo era casi una obligación moral para quien asumiera los principios anarquistas y racionalistas. Las clases nocturnas, las conferencias dominicales que trascendían al alumnado infantil de las mañanas para implicar a las familias, al proletariado, hombres y mujeres, para extender la razón y el saber.

Y la metodología de la razón se asienta en el amor a la infancia por encima de todo. Por ello nada de competir, nada de excluir, nada de otorgar premios o castigos. Eso hay que dejárselo a la "pedagogía negra" tan criticada en los discursos de Puig Elías, el director de la Escuela Natura barcelonesa.

Cultura y economía son principios que se corresponden. Si la clase obrera ha sido excluida de la cultura, si no posee recursos para aprender, continuará al margen de los pilares de la libertad, alejada de la ciencia, del pensamiento, de la crítica y la expresión. Si la economía construye cultura, esta no puede ser para unos pocos. El anarquismo construye desde el pensamiento libertario sus ideas para transformar una sociedad injusta que explota a la clase trabajadora, a las mujeres y a quien se enfrente al poder omnímodo del capital. Por eso coincidirán —en ocasiones con enormes discrepancias en la acción— las luchas pacifistas, feministas, del proletariado, de la juventud frente a los detentadores de los pilares del Estado.

Nuestro grupo aporta la realidad más cruel: 27.000 niños sin escuela en Madrid. Quienes estudiaron el problema del analfabetismo, como el inspector Lorenzo Luzuriaga, conocían bien que la República debía resolverlo rápidamente. Y los anarquistas, comprometidos con el modelo racionalista desde inicios del siglo XX, emprendieron su camino, si bien sufrieron la falta de reconocimiento e incluso la persecución y el cierre de sus escuelas por los diferentes gobiernos en las primeras décadas del siglo XX. La escuela debía enfrentarse a poderes que diseñaron una sociedad tan desigual, que a los hombres "los sigue sumiendo en la esclavitud del dios de las religiones, de la patria, de la autoridad y los derechos sagrados y divinos del capitalismo...". La escuela racionalista no tendrá religión, suprimirá las fronteras y el culto a las armas, desechará las guerras, establecerá modelos en los que la organización será mediante la representación de todos y la voz de todos, donde la competencia no será sino con uno mismo y no para llegar el primero dejando atrás a los demás. Para ello, la solidaridad, la coeducación, la investigación y el pensamiento crítico tendrán su lugar en las aulas nacidas en los locales de los sindicatos y ateneos anarquistas.

El grupo rechaza la escuela sectaria, la que separa por sexos y por condiciones económicas, una vieja escuela "mezcla de iglesia y cuartel", por lo que se detiene en el análisis que hace del espacio físico: oscuridad, bancos alineados, muros, filas, tarimas, materiales envejecidos. Plantean, por tanto, la necesidad de una renovación del concepto físico de escuela. Poco tiempo después, el CENU catalán se convertirá en el impulsor de esa escuela donde las salas serán amplias, donde el patio, el huerto, la alegría, los materiales más modernos y las salidas a la Naturaleza constituirán una revolución educativa.

¿Cómo es posible que cualquier niño o niña no vaya feliz a la escuela?, ¿en qué concepto tiene el profesorado a un alumnado que no es feliz descubriendo, compartiendo cada misterio, cada juego de la vida? ¡Qué atraso volver al final de tanto sufrimiento a la concepción de escuela nacionalcatólica recuperando ese tono gris, una enciclopedia en la que se deposita todo el saber y la tarima desde la que se ejerce el poder absoluto! Se recuperó la tristeza, que duró generaciones.

Los enseñantes racionalistas querían la escuela "con aulas espléndidas y alegres, con piscinas, campos de deportes y recreos, jardín y huerta, con material de enseñanza moderno". Las experiencias de las escuelas de Maymón, Mir, Roigé, Xena, de los Carrasquer en Eliseo Reclús o de Puig y Emilia Roca en *Natura* se multiplicarán en plena guerra con la incautación de palacetes para convertirlos en escuelas e institutos.

Así surgieron muchas colonias infantiles, como la que se ubicó en Argentona-Mataró en un palacete incautado al banquero Gari y que sirvió para establecer

en ella a más de cien niños madrileños en la denominada Colonia Espartaco, patrocinada por el Comité Central Ferroviario. Así describen el método racionalista:

"Se derrocha en prácticas, lo que escasea en libros de
texto. Jardines, granja, huerta para que no les falte a los
niños ni alimento ni experimentación" (*Solidaridad
Obrera*, n.º 1673, Barcelona, 27 de agosto de 1937).

En *Tierra y Libertad*, n.º 29, 31 julio 1937 se dan más
noticias con varias fotografías. Las edades oscilan entre
los 6 y los 12 años. Se les organizó formando grupos de
diez, a cargo de una compañera del sindicato para cui-
darles y atenderles todo el día. Se establecieron tres clases con una maestra y dos maestros, dotando a la
escuela con materiales y respondiendo a una metodología libertaria en sus enseñanzas. La palmeta y la vara
en la mesa del maestro eran un anacrónico recurso para mantener ese concepto de disciplina y sumisión tan
alejado del anarquismo. No puede ser por más tiempo
el maestro una figura que atemorice, un mero ejecutor
del orden social que impide la libertad. La escuela racionalista destierra los castigos y pone en duda que el
saber resida únicamente en la figura del maestro todo-
poderoso que se empeña en impedir que broten las
preguntas, la curiosidad, que la palabra exprese el
deseo de saber. La escuela racionalista abrirá las venta-
nas de las aulas, para que el conocimiento se construya

en cada niño desde su interior. Propiciarán los métodos basados en la observación y en la experimentación, cuadernos, correspondencia, investigaciones y exposiciones, donde los exámenes serán también desterrados como único medio para demostrar que se ha aprendido. La escuela que no escucha a sus alumnos no es escuela.

[03]

MIGUEL GIMÉNEZ
IGUALADA

Dentro de los componentes del grupo, Miguel Giménez Igualada es el de mayor edad. Completamente comprometido con las campañas de propaganda por las tierras de España, su actividad durante el largo exilio se centrará en la escritura. Nació en Iniesta (Cuenca) el 26 o el 27 de enero de 1888 en una familia campesina. Y por ello, en sus años de propagandista, se dirigía a las gentes del campo con una hermosa y vibrante prosa:

"Yo he andado atravesando los campos castellanos, del uno al otro rincón, y he encontrado una satisfacción grande en sentarme en las gañanías y comer con ellos, al amanecer, el gazpacho que comen para irse tras las yuntas. Me ha satisfecho plenamente, porque es lo mío, porque es mi carne, porque nací en el campo, porque en el campo me formé, porque campesino fue mi padre, porque campesina fue mi madre. Yo he gozado en subirme a la cresta de los cerros y allá, en el chozo que baten todos los vientos y todas las nieves y todas las desconsideraciones humanas, he partido con el pastor, que parece un diente en la tierra, su torta, esa torta que él hace entre los despojos del fuego. Yo he experimentado sensaciones de alegría y he pensado que ellos, los gañanes y los pastores, los hombres que con sus manos, entrándolas en la tierra, la remueven y la fecundan, son los que realmente tienen derecho a vivir, y no los don Juanes que en el mundo son"[4].

Sus padres se llamaban Miguel Giménez Sáez e Isabel Igualada Risueño. En *Lobos en España* (México, 1967) escribe una hermosísima dedicatoria a su padre:

"Usted y yo sabemos, padre mío, cómo alienta su vida en estas páginas; usted, que nació para sembrar trigo en las tierras y amor en los corazones, y yo, cuyo único orgullo es el de ser... Su hijo".

A lo largo de su vida desempeñó múltiples oficios: taxista, comerciante, jardinero, pastor y maestro racionalista. En 1906 gana una oposición en Madrid para ser oficial de telégrafos. Siendo un joven de veinte años deserta del servicio militar y desde Lisboa se embarca rumbo a la Argentina[5]. Se inicia de esta manera un primer exilio que brota de una actitud pacifista y de protesta. Se reúne con sus hermanos, José y Virgilio, además de su compañera Isabel Fernández Fernández, con quien se casa. La tragedia hace mella en la joven pareja, pues tendrán una hija que fallecerá tempranamente. Se refugiarán en Uruguay hasta que el golpe de Estado del presidente Gabriel Terra en marzo de 1933 desata una terrible represión por lo que regresarán a Barcelona. En seguida, un nuevo traslado, en esta ocasión para instalarse en Iniesta, donde consiguen abrir una escuela libertaria que llegó a contar con 70 alumnos. En una prosa llena de lirismo y entusiasmo describirá esta localidad a la que tanto amó la joven pareja:

"En los amaneceres, claros, limpios, frescos y aromosos, con aroma de mieses en sazón, retoza a alegría, una alegría sana que viene de los aires, y sale de las casas y brota de la tierra y es respiro de animales y plantas; en los atardeceres, después de la quietud y el sueño que siguió al yantar, como si la calor achicharrante de la siesta hubiera calentado el entusiasmo, hay redoble de energías que se prolongan en la noche hasta que está bien alto el lucero"[6].

El maestro se ha formado en los principios metodológicos racionalistas: afectividad, alegría, visitas y excursiones con el alumnado. Como sucedía con otras escuelas libertarias contó con la oposición de los maestros nacionales que veían en él no sólo a un intruso profesional, además una amenaza a los métodos didácticos más tradicionales. Como en otros casos, como le sucedió a la Escuela Moderna, en apenas cinco meses, Giménez vio cómo su escuela fue clausurada.

Sus ideas pedagógicas se comprometen con la crítica a una enseñanza que conoció de niño, maestros mal pagados, sin vocación, dependientes del cacique y del cura:

"Hay los maestros rurales, aquellos maestros rurales que no tuvieron cariño ni dignidad y que no supieron levantar a los niños pobres en sus manos para depositar un beso en aquellas frentes tostadas por el sol y destrozadas por la miseria; aquellos maestros rurales que se vendieron al burgués, que despreciaron al pueblo y se olvidaron del dolor campesino; aquellos maestros que pasaron su vida en cacerías en los cotos del señor y en jugar al tute con el cura en las noches invernales;

aquellos que no quisieron, aquellos que no nos amaron, aquellos que no supieron ver en nosotros hijos de campesinos que nos habían besado todos los soles y nos habían abofeteado todos los fríos nuestra carne humana; aquellos que se entregaron a educar a los niños burguesitos de carnes rosadas y olientes".

Miguel y su compañera se trasladan a Madrid para dar clases en un ateneo, compatibilizando su actividad como escritor en periódicos anarquistas como *Liberación*, de Barcelona y *Solidaridad Obrera* y desarrollando una labor como propagandista, como la conferencia que dio en el Ateneo Libertario de Cuatro Caminos (*CNT*, n.º 440, 24 de octubre de 1936).

Al estallar la Guerra Civil, comienza un nuevo viaje del que no pudieron adivinar las consecuencias, trasladándose a Valencia para colaborar en *Nuevo Rumbo* y dirigir *Nosotros. Órgano de la Federación Anarquista Ibérica*. En varias ocasiones interviene en mítines y conferencias, como la organizada por la asociación *Los amigos de México*, un acto en el que compartirá escenario con Juan P. de Muro, dibujante y escritor; Armando Artal, de la Federación Regional de Campesinos; Domingo Torres, presidente del Consejo Municipal e Higinio Noja Ruiz, presidente de la asociación[7]. Esta Asociación se creó en Valencia, Barcelona y Madrid llegando a contar con 600 afiliados[8]. También lo hizo al lado de Manuel Ibarra, Julio Bravo y Serafín Aliaga con motivo de la clausura del Pleno de la Federación Regional de Grupos Anarquistas de Levante, en Alicante, el 18 de abril de 1937. En 1938 lo podemos encontrar en Barcelona.

Será en una pequeña obra publicada en Valencia, que recoge su conferencia pronunciada en el Ateneo Obrero Cultural del Poblet (Barcelona) en octubre de 1933, dándole forma con un prólogo escrito en Madrid en julio de 1934, donde expondrá en detalle la mayoría de sus ideas pedagógicas. *La escuela y el niño*[9] presenta una atractiva portada a color en la que el dibujo de Muro muestra a un niño leyendo un libro. El estilo de Giménez es metafórico, cálido y envuelto en imágenes de la naturaleza, anunciando lo que será su ocupación literaria años más tarde.

Para Giménez Igualada se parte de una definición sin límites: "el niño es un ser sensible en transformación permanente" (p.35). Intuye una psicología evolutiva y del aprendizaje que debe ser premisa imprescindible en los cimientos del enseñante. Inicia el análisis de la vieja escuela a la que califica como una "mezcla de iglesia y cuartel (...) Todo sucio, todo triste, todo viejo e inarmónico" (p. 15-16). Recuerda la palmeta, la figura hierática del maestro, los verduguillos de la oliva con la que se pega a los niños. Escuelas consideradas templos, donde el altar es sustituido por la tarima. Maestros que fusionan educación y sacerdocio y que por ello justifican su acción como la imposición de un dogma. Esa finalidad lleva a una presencia permanente de la religión y los cánticos litúrgicos como actividad central de la escuela, abandonando incluso el aprendizaje más básico de materias esenciales. Un maestro irascible que no muestra ningún afecto pues "la fórmula para el sometimiento radicaba en el terror" (p.18). Férrea e irracional disciplina, docilidad. Los recuerdos de Miguel son dramáticos, niños llorando en las esquinas de la escuela, niños que son los "enemigos" de los maestros.

Desarrolla en un apartado las analogías entre padres y maestros. Los padres compartían y comparten el viejo concepto, y si en el frontispicio de algunas escuelas, de muchas, se yergue desafiador y amenazante, el brutal refrán de "la letra con sangre entra" (p.21) el maestro anarquista enfrenta el afecto y aconseja que "saber besar es saber amar". Para Miguel Giménez, los hogares en los que no se oye música, ni risas, ni besos, son hogares tristes y en estos casos, el maestro debe ser observador de cómo se comporta un niño pues nos indica que algo le sucede:

"El maestro que, amante de los niños, sea observador, conocerá inmediatamente cuál niño procede de un hogar risueño y cuál es el que viene de aquél en que reina la tristeza" (p. 28).

Expone los terribles efectos que para los jóvenes tiene ser observador o vivir esa terrible lacra de la violencia machista o las discusiones, los insultos provocando miedo y terror. Insiste en el papel de la ternura como metodología en la educación:

"Es impostergable que padres y maestros comprendan los beneficios que reporta una vida digna y bella, y los perjuicios que acarrea una vida torpe, áspera y brutal (...) La dureza para con los niños, esa dureza que agosta y seca, debe desaparecer" (p.33).

Lo fundamental es cuidar y estimular y no ejercer una autoridad de la que se carece. Lo primordial es el niño y el papel del maestro se limita a ayudar en el aprendizaje. Se necesita la enseñanza; el aprender en contacto con la naturaleza; todo cuanto le rodea despierta en él estímulos y también el desarrollo de la voz propia del individuo. Para ello ha de seleccionar el maestro los materiales. Ofrece una interesante perspectiva de utilización del arte como metodología suministrando imágenes gratas:

"¡Belleza! He ahí la piedra de toque de las relaciones entre maestro y niño. Belleza en la decoración de la escena; belleza en el comportamiento y vida del maestro; belleza en todos y cada uno de los actores. La belleza como punto de partida y como meta, como ambiente propicio y como regocijo sano" (p. 47).

Giménez reconoce que su figura va a provocar la imitación por parte del alumnado por lo que considerará esencial incidir en algunas características que deben presentarse en la personalidad del maestro: fortaleza y dulzura; vigor y pulcritud; altivez y nobleza; firmeza y suavidad; ecuanimidad; exquisitez.

En sus palabras encontramos una de las ideas pedagógicas más novedosas relacionada con la Escuela Nueva: la necesidad de la individualización en la enseñanza porque todos los niños y niñas son diferentes. En ella se manifiesta el respeto hacia el alumnado como tarea máxima en la profesión. Una escuela autoritaria, denunciada por el profesorado anarquista, frente a la personalización.

Todo enseñante necesita comprender el mundo del niño, descifrarlo: "Tomar a los niños como son y no como frecuentemente se quiere que sean" (p. 51). Esta es la clave "por donde entran, frescos y aromatizados, los aires puros de la libertad, de la salud y de la alegría" (p. 52). Observar y entender al que juega, al que está concentrado, al que no para, al creador, al que inventa historias. La función del enseñante es "no truncar ilusiones, sino acrecentarlas; no arrancar vocaciones, sino estimularlas; no segar alegrías, sino descuajar desventuras. Labor de ayuda y no de dirección; de jardinero que arrima tierra y no de podador que corta brotes; de padre amoroso que cuida y no de dómine severo que asusta y castiga" (p. 54).

Finalmente, Giménez Igualada asume la unión entre la enseñanza y el desarrollo físico del niño: "Vuestra preocupación no debe ir tan solo dirigida a la enseñanza, sino también, y, muy principalmente, a la salud corporal de los educandos". Se trata de una concepción integral de la educación.

Durante la guerra se convierte en uno de los representantes del anarquismo individualista, reflejando sus ideas en numerosos artículos para revistas como *Al Margen* y como director de *Nosotros, portavoz de la Federación Anarquista Ibérica*, órgano de la Federación Regional de los Grupos Anarquistas de Levante, en Valencia. Giménez escribe editoriales, responde a los lectores que le mandan cartas, imparte conferencias sobre México, también escribe su hermano y toda una nómina de colaboradores como Rodolfo González Pacheco, otro de los impulsores del diario, la periodista y enorme poeta Lucía Sánchez Saornil, el dibujante Muro y el caricaturista Viejo, Rosina Entrialgo, Ada Martí, Fontaura… También promueve una página para que se expresen los jóvenes. En *Nosotros* se reeditó *El Único y su Propiedad* de Max Stirner, con prólogo de Giménez Igualada.

Fue director del Teatro Popular de Barcelona. En sus discursos reserva un lugar preferente para acoger las ideas de las mujeres anarquistas que luchaban por la igualdad, algo que no era comprendido en muchas ocasiones por algunos, sindicalistas de día y patronos en sus hogares por la noche. La educación de Giménez es también una primera manifestación de una concepción feminista de la vida y del compromiso por la utopía:

"Esta mujer, nuestra hermana, quiere la Revolución, y la quiere porque quiere también tener en la vida un lugar, el que le corresponde, porque hasta ahora fue cosa, nada más que cosa, que todo el mundo podía atropellar"[10].

Dedicado a la propaganda, como conferenciante le encontramos en el Ateneo Libertario de Cuatro Caminos el 23 de octubre de 1936 donde se dirigió a un auditorio entregado y dispuesto a escuchar las palabras sobre *La moral en la retaguardia*, resaltando el valor de los milicianos en la lucha contra el fascismo, llamando a la unidad de los trabajadores y justificando que las mujeres se retiren de la línea de los frentes para centrarse en los trabajos de retaguardia. Volvemos a encontrar otra participación el 18 de diciembre de 1938 en Barcelona disertando sobre *México, tierra de hombres libres* en el marco de múltiples actos protagonizados por el maestro José Xena, la doctora Amparo Poch, Vicente Pérez "Combina", J. García Caballero y Mariano R. Vázquez, secretario del Comité Nacional.

Con los franquistas en las puertas de Barcelona, cruzó la frontera francesa con su compañera Isabel y sus hermanos Virgilio y José. El maestro contaba ya con cincuenta y un años siendo internado en el campo de concentración de Argelès-sur-Mer. En ese terrible lugar organizó varios cursos y una tertulia, como hicieron otros de los internados, tratando de engañar al hambre, al desprecio y a la muerte mediante la dignidad de la cultura. Tres años transcurrirán entre Argelès, Recebédou y Bram. De esta experiencia tan cruel extraería diversos y emocionantes escritos. La familia consigue embarcar en el Nyassa hacia América el 14 de abril de 1942, registrándose en el pasaje como periodista. Su hermano José permanece enfermo en Francia, falleciendo en agosto de 1945 (otras noticias sitúan su muerte con anterioridad al embarque). Virgilio, por su parte, continuará viviendo en Francia y se reunirá con Miguel en 1951 en México. En el país que abrió sus puertas a todos los exiliados españoles, Miguel colaboró en las revistas *España Nueva*, *Cénit* y *Tierra y Libertad*.

En la emocionante obra *Dolor*, publicada en México en mayo de 1944, encontramos la participación de un trío de artistas: un retrato de Miguel Giménez, obra de Miro y fechado en Argelès-sur-Mer en 1940, donde la tristeza y la fortaleza del retratado, concentrado en una introspección que le permitió sobrevivir a un verdadero campo de los horrores que Francia había preparado para los exiliados españoles; ocho impresionantes dibujos de Josep Bartolí que constituyen una crónica de la vida cotidiana entre gendarmes y prisioneros y, además, seis poemas dolorosamente humanos del maestro conquense. La obra está dedicada a don Gilberto Bosques, Cónsul General de México en Marsella:

"Cuando las huestes de Pètain cazaban a los refugiados españoles para entregarlos a las hordas de Hitler, ofreció seguro asilo a los perseguidos, salvando a millares de una muerte segura. Por ello merece gratitud eterna"[11].

Poemas que surgen desde el sufrimiento, del dolor, y que se alzan en un hermoso canto de solidaridad con el otro que también sufre, que se une a la tierra y al hermano, que ofrece la bondad como esperanza ante el crimen y la barbarie:

> "mujeres madres, orgullo de la estirpe,
> niños puros;
> ancianos venerables;
> lo mejor y más noble del pensamiento hispano
> lo mejor y más noble del sentimiento humano
> muriendo de miseria,
> hambre,
> dolor,
> angustia,
> tristeza
> y desesperación
> entre barro y arena,
> estiércol y pingajos,
> blasfemias y desprecios,
> vendavales de golpes
> y huracanes de odios"[12].

En México, Miguel impartirá conferencias y escribirá numerosas obras, destacando el estudio que realiza sobre su admirado Stirner. Falleció el 26 de noviembre de 1973, unos años después que su compañera y desafortunadamente poco antes de que lo hiciera el Dictador.

Obras de Giménez Igualada

Publicó numerosos artículos y poesías estableciendo una estrecha colaboración con la editorial   del también exiliado en México Costa-Amic.

El niño y la escuela (1937); *Dolor* (1944), *Más allá del dolor* (1946), *Los últimos románticos* (1959), *Los caminos del hombre* (1961), *Salmos* (1964), *Bondad* (1965), *Lobos en España* (1967), *Anarquismo* (1968), *Trilogía de oratoria* (1968), *Stirner* (1968).

[04]

HILARIO GUIJARRO

O tro de los silencios provocados por el triunfo del nacionalcatolicismo se refleja en la persona de Hilario Guijarro. No hemos podido conseguir más que breves referencias y casi ninguna certeza, aunque firma el manifiesto como *obrero ferroviario*.

Colabora desde sus inicios en 1936 en el semanario *Juventud Libre, órgano de la Federación Ibérica de Juventudes Libertarias.* Pero esta crónica recuperada del periódico *CNT*[13] de Madrid, lo sitúa en el mundo de los ateneos libertarios, en concreto en el madrileño de Cuatro Caminos. El testimonio muestra otra de las labores de las escuelas y ateneos racionalistas en su propuesta para extender la cultura libertaria organizando actividades, conferencias y, como en este caso, mítines provocados por la guerra civil, apenas iniciada tres meses antes.

La crónica del mitin reproduce varias ideas que ejemplifican la realidad y la confusión que en determinados aspectos se vivía en la sociedad y en el mundo anarquista: la organización de milicias frente a un ejército jerárquico, aunque ambas entidades se enfrentaran a los militares sublevados; la necesidad de unión entre todos los trabajadores y sus partidos y sindicatos como condición previa a cualquier posibilidad de triunfo y, finalmente, la necesidad de retirar a las mujeres del frente, ya que desde el primer momento también ellas tomaron las armas para enfrentarse a los traidores a la República. Es en este aspecto donde el conferenciante muestra la difícil lucha que debieron emprender las mujeres dentro del movimiento libertario para alcanzar sus derechos en igualdad con los hombres, así como la reivindicación del reconocimiento de la organización *Mujeres Libres* en el movimiento libertario confederal.

En el resumen del mitin que protagonizó Giménez Igualada, la reseña de Guijarro insiste en remarcar la labor educadora del movimiento anarquista en un momento revolucionario ocasionado por la guerra.

[05]

RAFAEL MONTEAGUADO PALANCAR

Su presencia en el *Manifiesto* es relevante, figurando como tesorero y aportando la dirección de su domicilio en la calle Willson, situado en la barriada de Tetuán de las Victorias, Chamartín de la Rosa, pueblo incorporado el 5 de junio de 1948 a la capital.

Aparece en el texto como maestro racionalista, si bien desconocemos por el momento en qué escuela trabajó. Sin embargo, sabemos que fue un destacado miembro del Comité Nacional de la CNT y que estuvo afiliado al Sindicato de la Enseñanza de Madrid.

Interviene en mítines, como el celebrado en el Teatro Pardiñas a cargo de las Juventudes Libertarias, junto a Amor Nuño, Amor Buitrago, García Pradas y en su discurso acepta la participación de los anarquistas en el Gobierno *por las circunstancias actuales*[14].

Presidió el mitin de clausura del Congreso de la Federación Ibérica de Juventudes Libertarias en Madrid, que contó entre los intervinientes con Íñigo Lorenzo y Antonio Cuenca. Además, fue miembro del Comité peninsular de la FIJL[15]. Escribió en *Juventud Libre* y también en *¡Campo Libre!* Fue Comisario en la Brigada 81 durante la guerra.

Colaboró en repetidas ocasiones con *Orientaciones*, la excelente y breve publicación del Sindicato de Enseñanza de la CNT de la región Centro y que desapareció por falta de papel cuando estaba a punto de convertirse en el órgano de la Federación de Enseñanza tras el pleno celebrado en Valencia, tal y como pretendía Juan Puig Elías, quien sería nombrado al año siguiente por el ministro Segundo Blanco, Subsecretario del propio Ministerio de Instrucción

Orientaciones, a pesar de su efímera existencia, dejó páginas fundamentales para conocer cómo trabajaban y se organizaban los enseñantes afiliados a la CNT, tanto los racionalistas como los que ejercían como maestros nacionales.

En 1937 Rafael Monteagudo envía desde Valencia varios artículos, que constituyen un magnífico reflejo de las ideas pedagógicas que sostiene. Para Monteagudo, como para el resto de las enseñantes racionalistas, la educación se extiende más allá del espacio del aula, se continúa en el hogar, en la familia y requiere una estrecha colaboración entre:

"enseñantes, la madre y el padre. Yo soy uno de los que sustentan el criterio de que a los niños no se les debe educar en la escuela; lo único enseñarles. Pero para ello sería necesario que los padres, cuando tienen un hijo, estuvieran preparados para poderle dar una educación en consonancia con los tiempos modernos. Misión de los padres es enseñar a los niños reglas de urbanidad, enseñarles a prestarse solidaridad y, en general, todas aquellas formas humanas a tono con la cultura que deben representar los pueblos civilizados".

Como otros anarquistas, el maestro es consciente de la sociedad y del nivel de vida entre los obreros, la presencia del hambre y del analfabetismo, el papel de la madre —de la mujer—, en muchas ocasiones sufriendo la violencia machista. Es el ambiente moral en el que vive el niño el aspecto esencial y más importante para poder aprender. La situación de la infancia a la que tantas veces hará mención el maestro y presidente del CENU, el catalán Puig Elías, se constituye en el objetivo primordial de la acción educadora. Monteagudo insiste en que el niño no es espejo de una sociedad utópica, ya que a la escuela trae consigo lo que absorbe en la familia y en la calle, lo bueno y lo malo, los vicios y las virtudes:

"Como veis, no canto lo bueno del niño, sólo lo malo; pero también os he de decir que los ratos más dichosos para mí son los que paso al lado de las criaturas; siempre procuré hacerme querer de ellos, pero jamás me vieron reír las gracias de ninguno durante el tiempo que permanecíamos en el colegio".

Rafael es un maestro insatisfecho siempre con su labor, pendiente de la reflexión y de la mejora, consciente de la dificultad de la profesión: "Este tema, que a simple vista parece una cosa tan sencilla, será de los problemas más difíciles a resolver que se les plantearán a aquellos que directamente contraigan la obligación ante el pueblo de educar a la infancia, por lo que ello representa y en sí encierra".

Desde Valencia insiste en un aspecto fundamental que caracterizó al ejército republicano y a las milicias confederales:

"Parecerá a simple vista que la labor a desarrollar por los Maestros en el actual Ejército puede ser lo mismo que la de los compañeros de las demás profesiones; pero, por desgracia, existe una realidad que todos conocemos, y es que la mayoría de los compañeros que se encuentran combatiendo en las trincheras son analfabetos o semianalfabetos..."

La lucha contra el analfabetismo se empareja con la lucha contra el fascismo. No puede haber verdadera victoria sin derrotar a la incultura. Este afán en el que se desempeñaron grupos políticos y sindicales entre los combatientes pone en primer lugar esa característica anarquista de hacer la Revolución desde la cultura. Maestros y soldados en las tierras de España:

"La lucha, según hoy está establecida, es dura, pero siempre deja tiempo para efectuar labores útiles, y seguramente hoy en las trincheras habrá pocos profesionales que, cumplidos sus trabajos guerreros, puedan dedicarse a otra labor más útil que la del Maestro; cada compañero Maestro, si sabe portarse como tal revolucionario, no puede consentir que en su grupo pueda haber compañeros que no sepan leer".

En este momento, Monteagudo sabe que serán las cualidades morales del maestro, su amor por la educación, las que trasciendan entre sus compañeros, alimentando el esfuerzo ímprobo que se pide en medio de una trágica contienda.

El maestro señala la comprometida tarea que recae en quienes se dedican a la educación ya que no solo de enseñar se trata, también de suplir las carencias que presentan muchas familias, donde el ejemplo, el amor y las normas no se dan de forma regular: y para cumplir lo que denomina "esta misión":

"sería conveniente que el pueblo en general disfrutara de un nivel cultural y de una comprensión que hoy, por desgracia, el pueblo español no posee"[17].

Hay en Monteagudo una crítica a esa educación en los "hogares pequeñoburgueses" en los que se deja la educación en manos de los colegios de frailes y monjas o particulares, "que carecen del cariño familiar." Pero también es consciente el maestro del daño que causan la falta de trabajo, la miseria, las discusiones familiares, el lenguaje y la violencia, que destruye la "obra del maestro". En definitiva, insiste en la necesidad de colaboración entre escuela y familia porque no se trata de enseñar cuestiones que deban memorizar y repetir sin ningún sentido, ya que lo primero y fundamental es que "el cerebro del niño necesita una limpieza moral, que es más interesante que lo que dicen los libros". Se trata de educar, y educar para la vida, huyendo de la mera instrucción. No esconde Monteagudo una cierta impostura ante compañeros racionalistas que presentan el buenismo como un rasgo de la infancia, pues para él, los niños presentan rasgos en su evolución en los que muestran costumbres y vicios adquiridos, que puede llegar a molestar a los demás, pero por otra parte es a partir de ahí donde se posiciona en su quehacer pedagógico pues se trata de ganar "fuerza moral sobre ellos sabiendo tantear sus aspiraciones y rectificándoles en todo aquello que noblemente ponían al descubierto".

Delegado en el Comité Nacional de la CNT tras el Pleno de julio de 1937, desde la zona levantina impartió conferencias y mítines en Torrente, Bocairent, Vega Baja, Valencia y Motril[18].

Desde *Juventud Libertaria*, Monteagudo reflexiona sobre dos singularidades de la educación: el carácter del enseñante y el laicismo.

"En el último congreso celebrado en Zaragoza, uno de los acuerdos que se tomó sobre la transformación de las diferentes formas pedagógicas en racionalista, fue la rápida preparación de los jóvenes libertarios, para poder ser nosotros los que llenáramos un hueco que es muy difícil llenar, pues la República en estos últimos tiempos tenía diez mil maestros parados, y habiendo muchos niños sin escuela no podía emplearlos por falta de edificios, por falta de material pedagógico y muy principalmente por no disponer de medios económicos para retribuir a estos trabajadores".

Problemas señalados por Monteagudo y a los que el Gobierno se enfrentó subiendo el sueldo del profesorado, incautándose de edificios e implementando el número de instituciones educativas. Con todo, señala una característica esencial que ocasionaba diferencias metodológicas: "el noventa y nueve por ciento desconocen en absoluto la pedagogía racionalista". No basta con haber estudiado, se necesita reconocer una serie de rasgos propios en el carácter, ya que los niños van a imitar a sus maestros. Por otra parte, Monteagudo critica el tipo de enseñanza que se imparte en los colegios del Estado, ya que se trata de una enseñanza laica, "que como de todos es sabido ensalza el amor y respeto a la patria, entorpeciendo con esto el normal funcionamiento del cerebro del niño". El laicismo no es un rasgo común ya que se entiende desde una óptica anarquista de manera diferente, pues no se trata de sustituir la Religión por el dogmatismo del Estado y de la ciudadanía ejemplar.

[06]

LAUDELINO MORENO FERNÁNDEZ

E stamos ante un profesor de una enorme dignidad humana e intelectual. Sin duda, una de esas personalidades excelsas que para salvar la vida y la libertad hubo de huir, convirtiéndose en otro *peregrino*, ante la estupidez de quienes fueron capaces de someter la ciencia y la cultura a un patrioterismo inquisitorial. Destacando por su capacidad científica, por los cargos que ocupó en el mundo universitario de España, Latinoamérica y Estados Unidos pero que, como demuestra su pertenencia a la Comisión Proescuelas

Racionalistas, supo intuir desde muy temprano que la educación básica constituye el pilar fundamental para que cualquier país, cualquier sociedad, progrese.

Nacido en Briviesca (Burgos) el 19 de noviembre de 1901 en la calle de Medina, n.º 30 y fallecido en un desgraciado accidente mientras se hallaba de vacaciones en la India en 1969. Hijo de Laudelino Moreno García, natural de Almagro y de María Dolores Hernández, de Bailén. Sabemos por una certificación notarial que estudió en el Instituto Provincial y Técnico de Almería[19].

De su carácter da muestra esta frase de Llorens en el exilio dominicano:

"Laudelino era un hombre modesto y amable (daba la mano hasta a los empleados de correos a través de la ventanilla), buenísimo y generoso"[20].

Sus títulos y cargos docentes fueron enormes y variadísimos, como si se tratara de un renacentista ávido por extender sus campos de conocimiento[21]. Se licenció en Derecho en 1921 incorporándose al colegio de abogados en 1924. En los años 1928 y 1929 ya sufrió un primer exilio instalándose en Andorra, de cuya geografía se enamoró produciendo un bellísimo libro en el que escudriñaba sus paisajes[22].

A la República Dominicana llegó con 38 años en uno de esos inolvidables barcos del exilio de nombre Saint Dominique, que arribó el 11 de noviembre de 1939 y como pasajero consta que era Catedrático, que estaba casado y que residía en la Ciudad de Santo Domingo en la calle Duarte, 74[23]. Cuenta Llorens, que en el primer momento del exilio americano compartió vivienda junto a su esposa y su suegra con la familia de Amós Sabrás, diputado socialista y profesor de Matemáticas. Fue nombrado de manera extraordinaria catedrático especial de Geografía en la Universidad de Santo Domingo en 1940 y compartió claustro con otros importantes profesores españoles como Sabrás, Fernando Sainz, Vicente Herrero Ayllón, Antonio Regalado, Bernaldo de Quirós, Javier Malagón, etcétera.

"La incorporación del profesorado español dio gran prestigio a la Universidad, ya que todos eran profesionales brillantes que, por demás, venían a innovar y enriquecer la enseñanza en el país"[24].

Además de la labor docente continuó escribiendo estudios y colaboraciones para la *Revista Militar* y el periódico *La Nación*[25]. El régimen tiránico de Trujillo acabó por destituir mediante Decreto n.º 4845 de 23 de diciembre de 1947 a los catedráticos españoles de la Universidad de Santo Domingo y a algunos dominicanos opuestos a la cruel dictadura. Los españoles no respondieron a ese "blanqueamiento" de la raza que esperaba el tirano.

De Santo Domingo se trasladó a Guatemala, país que conocía a través de sus múltiples estudios y su cargo consular, donde trabajó en la Facultad de Humanidades creada en 1945 como especialista en historia del Derecho y de la independencia centroamericana[26]. En el país del quetzal se convirtió "con Pedro Bosch Gimpera en uno de los primeros docentes de la Facultad de Humanidades recién creada en 1945"[27].

En sus numerosas obras abarca variados campos de conocimiento: desde la Historia al Derecho a la Geografía y a la Aviación. Pero algo más sabemos de su generosa personalidad, pues no perseguía el enriquecimiento personal con sus trabajos, y buena prueba de ello es que cedía los derechos de publicación frecuentemente. Así, a modo de introducción en *Filosofía del Derecho* (1944) escribe:

24 de enero de 1944

Señor Licenciado Don Luis Barrutia, Decano de la Facultad de Ciencias Jurídicas y Sociales

Señor Decano:

Al finalizar el curso académico me complazco en acompañar a usted las notas de mis explicaciones en cátedra de Filosofía del Derecho, y, como modesto testimonio de mi afecto a la Facultad de Ciencias Jurídicas y Sociales, autorizo la publicación de ellas si se considera oportuno.

Mi autorización para publicar el Curso de Filosofía del Derecho es incondicional y desinteresada en favor de la Facultad de Ciencias Jurídicas y Sociales de Guatemala, permitiéndome como ruego, formular el deseo de que los beneficios de la venta, tanto en Guatemala como en países extranjeros, se destinen a premiar la labor de un alumno de la Facultad de Ciencias Jurídicas y Sociales, con absoluta libertad en cuanto a las condiciones que establezca la Junta Directiva de la Facultad.

Siempre a sus gratas órdenes se reitera de usted, señor Decano, su muy atento y seguro servidor.
DR. LAUDELINO MORENO

Más aún, cedería a la Facultad de Económicas los derechos de su obra *Derecho Consular guatemalteco* (1946): "El autor cede los derechos de la presente edición a la Facultad de Ciencias Económicas de la Universidad de San Carlos de Guatemala".

El amor por la educación desde sus primeros traba-jos en Madrid permaneció constante en el exilio, como prueban las cariñosas palabras que D. Rafael Altamira, el insigne profesor e historiador le dedica en el prólogo de Monografías:

"Lo importante es que quienes ejercen la enseñanza posean una educación profesional adecuada, entusias-mo por su función y conciencia de su responsabilidad, cosas que no se dan por Real Decreto" (marzo de 1928). Tuvo el doctor otro sueño que la muerte se llevó en el aire, "acumulando libros incansablemente, para donar-los luego al lejano pueblo natal que no volvió a ver"[28]. ¡Qué hermosa biblioteca atesoraría hoy Briviesca!

Al profesor Moreno le encontramos entre 1951 y 1967 formando parte del Departamento de Español y Portugués en la Universidad del Sur de California en Los Ángeles impartiendo clases de español, composi-ción avanzada y civilización y literatura española[29]. Un prestigioso departamento bajo la personalidad del profesor Dwight Bolinger y en el que también estuvo presente durante un tiempo el escritor valenciano Vi-cente Gaos, que con el tiempo sería Premio Nacional de poesía.

Moreno intervino como antiguo representante consular de la República española ante un caso de deserción de cinco marineros españoles que huyeron del buque escuela en el que se encontraban navegando. La mediación de Bolinger y el asesoramiento de Moreno, además de los abogados de Derechos Humanos permitieron finalmente a los refugiados ser acogidos en México[30]. Siempre México, al lado de la República española.

Cabe preguntarse por la pertenencia y los sentimientos favorables a los postulados de la Escuela Moderna de alguien con una capacidad científica tan enorme. Sin duda, Moreno conoce el sistema memorístico —lo domina, como bien puede apreciarse por la cantidad de oposiciones ganadas y las sobresalientes calificaciones obtenidas—, pero eso no significa que se muestre conforme y satisfecho con un sistema metodológico que deja fuera a la mayoría y que, además, no aporta nada a un pensamiento más creativo, investigador e innovador. Al final de su vida, desde el departamento de la universidad californiana comprobará cómo las nuevas herramientas, el teatro y la televisión y otros medios audiovisuales facilitarán la enseñanza, alejando el aprendizaje de la simple repetición memorística sin la suficiente comprensión.

En una de sus publicaciones de 1946, poco antes de emprender el viaje a Estados Unidos, nos dejó Moreno algo más que un bosquejo sobre sus estudios, cargos, títulos y obras que demuestran la enorme competencia científica. La relación finaliza en 1946, sin duda, a lo largo de los veinte años de vida que aun iba a disfrutar tendría otro caudal de obras y artículos. Dejar constancia de esta relación bibliográfica nos puede ayudar a comprender la enorme categoría intelectual del profesor Moreno y la gran pérdida que para la Universidad española supuso el exilio de tantos profesores:

"Catedrático dos veces por oposición, de Derecho Internacional, Derecho Consular y Estudios Superiores de Geografía. Catedrático de Derecho Internacional privado y de Historia del Derecho en la Facultad de Ciencias Jurídicas y Sociales de la Universidad de San Carlos de Guatemala. Catedrático de Geografía económica y de Economía agraria en la Facultad de Ciencias Económicas de la Universidad de San Carlos de Guatemala. Catedrático de Biología en la Facultad de Ciencias Naturales de la Universidad de San Carlos de Guatemala. Catedrático por oposición directa de la Escuela Central de Comercio de Madrid. Profesor encargado de la cátedra de Historia de las Instituciones políticas y civiles de América, en el Doctorado de la Universidad Central de Madrid. Profesor de Geografía económica en la Facultad de Ciencias Jurídicas, Políticas y Económicas de la Universidad de Valencia. Profesor de The Historical Background of Spanish Literature (curso para alumnos norteamericanos) en la Universidad Nacional Autónoma de México. Catedrático de Geología en la Facultad de Ingeniería y Antropología; Historia de América e Historia de los Estados Unidos en la Facultad de Filosofía de la Universidad de Santo Domingo. Profesor de geografía militar y Navegación aérea en la Escuela de Aviación Militar, España.

Otros servicios. Número 1 en concurso de 5 aspirantes para Curador colonial letrado de Guinea. Auditor jurídico de la Armada. Agregado cultural de la embajada de España en México. Vicepresidente de la Sociedad Geográfica Nacional, España. Director General de Comercio y política arancelaria de la República española. Delegado del Gobierno de Guatemala en el XXVI Congreso Internacional de Americanistas.

Títulos universitarios y estudios en escuelas superiores. - Doctor en Derecho por la Universidad de Madrid, con calificación de sobresaliente, en este grado y en el de Licenciado. Licenciado en Filosofía y Letras, sección de Historia, por la Universidad de Madrid. Intendente Consular por la Escuela de Altos Estudios Mercantiles de Bilbao, graduado con la calificación de

Sobresaliente y premio extraordinario. Cursados los estudios de Piloto de Marina Mercante. Pensionado por la Junta para Ampliación de Estudios de España en Francia, Suiza e Inglaterra".

OBRAS DE LAUDELINO MORENO

Independencia de la Capitanía General de Guatemala. Madrid, 1927 y Guatemala, 1929; *Historia de las relaciones interestatales de Centroamérica.* Madrid, 1928; *Evolución política del Paraguay.* San Salvador, 1929: *Notas de instituciones coloniales de América.* Madrid, 1929 y 1930; *Los gobiernos personales.* San Salvador, 1929; *Guatemala y la invasión napoleónica en España.* Guatemala, 1930; *Programa guía de Derecho consular español.* Madrid, 1932; *Honduras y la invasión napoleónica en España.* Madrid, 1933 y Tegucigalpa, 1934; *Guinea portuguesa: el medio geográfico, etnografía.* Madrid y Lisboa, 1928; *Los extranjeros y el ejercicio del comercio en Indias.* Madrid, 1936 y Guatemala, 1938; *La colonia inglesa de Belice ante el Derecho Internacional (publicación en el Libro Blanco de Guatemala).* Guatemala, 1940 (traducción inglesa); *Bosquejo geográfico de la República Dominicana.* Buenos Aires, 1940; *Unión Interamericana del Caribe.* Ciudad Trujillo 1940; *Problemas políticos del Mediterráneo.* Ciudad Trujillo, 1940; *Vida del conquistador Alonso de Ojeda.* Bogotá, 1941; *Geografía Económica del Caribe.* Habana, 1941; *El Salvador.* Buenos Aires, 1941; *Fundamento y evolución de la navegación aérea.* Ciudad Trujillo, 1941 y Tegucigalpa, 1941; *El territorio en el aspecto militar.* Ciudad Trujillo, 1941; *Tierras y hombres del paisaje hondureño.* Buenos Aires, 1941 y Tegucigalpa, 1942; *Medio físico y vida humana de las islas Hawai.* Buenos Aires, 1941 y Honolulú, 1942; *Valoración geográfica militar de las fronteras.* Ciudad Trujillo, 1942; *Geografía zoológica.* Ciudad Trujillo, 1942; *La pigmentación en la vida étnica.* Mérida de Yucatán, 1942; *La vida de los pueblos y el medio geográfico.* Guatemala, 1942; *El derecho de propiedad en la colonización española de América.* Guatemala, 1942; *Régimen de las aguas oceánicas y anomalías de los mares.* Guatemala, 1942; *Posición Internacional de la Santa Sede.* Guatemala, 1943; *La magia en los pueblos negros.* Guatemala, 1943 y Washington, 1944; *Campos estratégicos y terrenos geográficos.* Guatemala, 1943; *Atmósfera y navegación aérea.* Guatemala, 1943; *Las vías de comunicación en el aspecto geográfico militar.* Guatemala, 1943; *La vida jurídica de los pueblos salvajes.* Guatemala, 1943; *Potencialidad económica del Congo belga.* Guatemala, 1943; *Valor geográfico-militar de los Dardanelos y del Bósforo.* Guatemala, 1943; *El archipiélago ecuatoriano de Colón.* Guatemala, 1943; *Cohesión política del Estado y estructura étnica de la población.* Guatemala, 1943; *Sociabilidad y vía jurídica.* Guatemala, 1944; *Paisaje del Sáhara.* Guatemala, 1944; *Valor militar de la Micronesia.* Guatemala, 1944; *Tierra y hombre de la tierra.* Guatemala, 1944; *Importancia estratégica de Turquía.* Guatemala, 1944; *El territorio holandés de Curazao.* Guatemala, 1944; *Zonas litorales y defensa estratégica de costas.* Guatemala, 1944; *Filosofía del Derecho.* Guatemala, 1944; *La economía coordinada de postguerra.* Guatemala, 1944; *Biología animal.* Guatemala, 1945; *La Casa de Contratación de Indias.* Guatemala, 1945; *Derecho Consular guatemalteco.* Guatemala, 1946; *Organización y economía de los transportes.* Guatemala, 1946; *Curso de Derecho Mercantil.* Guatemala, 1946.

[07]

FELIPE MUÑOZ CANO

Profesor de 40 años de edad. N.º de pasajero 1.658. Así consta en el listado del vapor Stanbrook a su llegada a la argelina Orán, tras veintidós dramáticas horas en el mar amenazados por la flota franquista[31].

Junto a él, otro maestro y periodista llamado José Muñoz Congost, que dejó testimonio escrito de su trágica experiencia en una obra titulada *Por tierras de moros*. Los refugiados españoles fueron obligados por las autoridades a permanecer embarcados en puerto durante un mes en unas condiciones deplorables. Los dos maestros pasaron por varios campos de concentración levantados por el Gobierno francés en Argelia. En ese paisaje se pierde el rastro del maestro Felipe Muñoz.

Discurramos ahora por las principales actividades docentes de las que tenemos noticia. Los primeros pasos en el Magisterio parece que los dio en el Ateneo Libertario Astrea, de Madrid[32]. En 1933 recogemos del periódico *CNT* la convocatoria en la que se anuncia que, en el Ateneo Libertario del Sur, dará una conferencia Felipe Muñoz sobre el tema "Momento Actual"[33].

Mientras las tropas al mando del general Varela establecen combate en las afueras de la capital en noviembre de 1936, Muñoz participa en la evacuación de la infancia hacia Valencia. Responsable de la escuela de la colonia comunica a la Federación Local de Ateneos Libertarios de Madrid las diferencias existentes entre maestros y responsables de la colonia. Hasta ella se desplazó una Comisión que aprobó el trabajo desempeñado por el maestro[34]. En Levante desarrollará su labor hasta el fin del conflicto. Como en Madrid, también en Alicante se consolidó una Agrupación Proescuelas.

En marzo de 1937 trabaja con J. Pérez en la escuela *Nueva Humanidad* de El Pla de Castell de Altea, patrocinada por la CNT y las Juventudes Libertarias, donde escribe *Los hombres del mañana,* una obra de teatro para sus alumnos que estos representan en la *Escuela Floreal* de San Vicente de Raspeig, dirigida por José Bernabé[35].

Asistirá a un festival proescuelas libertarias en Madrid organizado por la Federación Local de Ateneos Libertarios el domingo 27 de junio en el teatro de la Zarzuela, emitido en directo por Unión Radio, que contará con la actuación del coro de la Guardería del Sindicato Gastronómico, una lectura de poemas a cargo de niñas y niños de la Guardería, la participación de Demos y de Cardona, miembros del Consejo Municipal de Cultura, una obra de teatro corto, varias interpretaciones musicales y el maestro F. Muñoz que efectuó un saludo de las Escuelas de Levante[36].

Además, participa como conferenciante en numerosas localidades levantinas durante 1937 y 1938: Aspe, Paiporta, San Vicente del Raspeig, Alicante. En junio de 1937 la Federación Local de Ateneos Libertarios de Madrid se encargó de abrir una colonia para alojar a una cincuentena de niños en la localidad levantina de La Olla. Si bien Muñoz iba a hacerse cargo de ella, compaginándola con su trabajo en *Nueva Humanidad,* en marzo de 1938 se traslada a otra escuela en Alicante denominada *Modelación Humana. Escuela Racionalista nº2.*

Del buen hacer de Muñoz se hace eco Navarro (2004):

"Un reportero de Liberación visitó por esas fechas la escuela. Según nos cuenta en su artículo, los alumnos, a instancias de Muñoz, construían con sus propias manos parte del material didáctico utilizado en las clases: mapas de España hechos con madera pintada o bancos y mesas escolares en miniatura. Se potenciaba el dibujo y las artes plásticas, así como la escritura. Con ocasión de la visita del periodista, los niños entonaron diversos himnos ("obra de su maestro mismo, que son una alabanza al trabajo, al estudio, a la humanidad futura, despreciando las guerras, cuanto sea muerte y desolación, odiando cuanto tenga de militarismo esta sociedad futura") y recitaron poesías del propio Muñoz, con títulos como "El torero y el educador" o "El minero", de tinte social. Eran habituales también en esta escuela las exposiciones de trabajos de los alumnos, lo que confirma el interés de Muñoz por los trabajos manuales como recurso pedagógico. Una de ellas fue la realizada en los locales del Sindicato Textil de Alicante en abril de 1938, y en la que pudieron verse obras de marquetería, carpintería, desmontables geográficos, dibujos, etc".

En una escuela empezaron 80 alumnos, en otra 50, y como se incorporaban continuamente, Muñoz optó por agruparlos por edades y dentro del aula en grupos de cuatro para trabajar en equipo, cambiando los papeles de cada componente, propiciando los debates, las actividades artísticas, al aire libre y escribían artículos para *Liberación* 6/8/37 y *Mar y Tierra* 1/5/37 y 27/4/37[38]. Vemos en estas decisiones pedagógicas la influencia de la pedagogía libertaria y en cierta forma rasgos de la metodología Freinet, que ya había entrado años antes en Cataluña.

Fue designado delegado de la Federación Regional de Enseñanza al Pleno Regional de Levante en enero de 1938. Según Íñiguez, falleció en 1980.

[08]

JOSÉ PARDO BABARRO

Nacido en Ourense el 10 de junio de 1911. Su vida transcurrió principalmente entre Galicia y Madrid, falleciendo durante la Guerra Civil el 21 de julio de 1938. Su padre era propietario de una fábrica de maderas y José estudió Bachillerato en la academia que dirigía Manuel Sueiro, antiguo empleado de la fábrica. Cursó estudios de Magisterio en la Escuela Normal de Orense; posteriormente ingresó en la Facultad de Medicina de Santiago de Compostela entre 1927 y 1932, especializándose en oftalmología. En esta ciudad se afilió al Sindicato de Sanidad de la CNT[39].

Médico interno en Oftalmología en la Facultad de Medicina de Madrid, ciudad en la que realizó los cursos de doctorado en la Universidad Central. Será en estos meses cuando continuará estrechando los lazos con la Confederación hasta formar parte de la Comisión Proescuelas Racionalistas.

Regresó a Ourense en mayo de 1935. Sin embargo, no pudo culminar la lectura de su tesis debido al estallido de la Guerra Civil, a pesar de haber presentado los trámites para su defensa y de serle aceptada en junio de 1936[40].

Se estableció como oftalmólogo en la rúa Progreso, n.º 37 de Ourense, donde "aplicaba descuento a los militantes de la CNT y sus familiares". Participó en las Jornadas Médicas Galaicoportuguesas en Ourense entre el 26 y el 30 de septiembre de 1935.

Como Pardo Babarro, destacaron en la CNT hombres y mujeres que estudiaron Medicina y optaron por planteamientos anarquistas para ejercerla y divulgarla. Podemos citar a los doctores Félix Martí Ibáñez, Isaac Puente y la doctora y fundadora de Mujeres Libres, Amparo Poch y Gascón. La sanidad, como la educación, era considerada un pilar para el progreso de la clase trabajadora.

Pardo escribió en *Brazo y cerebro* entre los años 33 y 36, al igual que en *Solidaridad Obrera* de A Coruña. Llevó a cabo una importante labor social al intervenir como conferenciante en distintas ocasiones en el Ateneo de Divulgación Social de Ourense. Tuvo un destacado papel como militante intelectual al considerar la relevancia de la Medicina y el ejercicio de la Sanidad desde planteamientos libertarios: la sexualidad, la ciencia y la cultura constituyeron los tres ejes principales de su pensamiento.

La tragedia para el doctor se vio ligada a su juventud y al triunfo de los golpistas en Ourense, de manera que fue obligado a alistarse como alférez médico en el ejército franquista, falleciendo en el frente el 21 de julio de 1938. Aunque se desconoce el lugar y las causas de su muerte, su cuerpo fue trasladado a Ourense donde se le enterró .

OBRAS DE PARDO BABARRO

Los orígenes biológicos de la Autoridad (I). De la animalidad a la humanización, en *Solidaridad Obrera. Semanario Órgano de la Confederación Regional Galaica CNT-AIT*, n.º 69, 1932.

Los orígenes biológicos de la Autoridad (II). Aspecto biológico de la guerra, en *Solidaridad Obrera*, n.º 71, 1932.

Biología de la Revolución, en *Solidaridad Obrera*, n.º 106, 1933.

Algo sobre pedagogía sexual, en *Brazo y Cerebro*, n.º 19, 1936.

[09]

FRANCISCO TORTOSA
ALBERT

El Arte es un espacio donde el lenguaje no queda encerrado entre fronteras. En él cabe el mundo nuevo de los viejos anarquistas, el color que late en medio de un sentimiento melancólico disfrazado de sonrisa.

Así describe Aurora Reyes a Francisco Tortosa cuando se encontraron en una exposición:

"Dos brazos conmovidos me abrazaron y entonces conocí al pintor: Francisco Tortosa, que me hizo la extraña impresión de ser otra pintura suya: un cura Hidalgo de retablo vestido de paisano, alto y macizo, la frente prolongada hasta la mitad de la cabeza, la cabellera blanca recortada en melena cayéndole sobre los hombros, piel curtida por vientos y por soles, camisa abierta, corbata colorada y una sonrisa paternal de gruesos labios surcándole la cara"[42].

De ingenuo calificaron el arte de Tortosa, mas es posible que en cada trazo el pintor encontrase la familia y los amigos perdidos, lo que no fue y aquello que se le arrebató mediante la violencia: compañera, hijos, tierra, libertad…

Nació Francisco Tortosa en 1880 en Pueblo Mondejo o Mogente (Moixent), Valencia; si bien, las referencias a su vida en varios artículos de la prensa mexicana escritos por estudiosos y críticos de arte que le conocieron citan como lugar de nacimiento el municipio de Benifaió de Espinoca, Valencia. Hijo de agricultores, su vida se llenó de múltiples oficios desde los diez años, cuando abandonó la casa familiar y tuvo que aprender, como muchos anarquistas, de manera autodidacta. Fue pintor de barcos, albañil, vendedor de libros y maestro racionalista.

La tragedia llegó a su vida tempranamente, con una brutalidad y ensañamiento inimaginable al ser asesinados su compañera e hijos y él mismo encarcelado injustamente hasta que el asesino, poco antes de morir, confesó ser el autor del crimen[43].

Las actividades en la CNT las desarrolló principalmente desde 1918, compartiendo labor de propaganda con Tomás Cano Ruiz, Caballero, Quesada y Ponciano Alonso entre otros. En 1921 se encontraba en Madrid, pero con el golpe de Estado de Primo de Rivera tuvo que exiliarse en Francia. Durante la República perteneció al grupo Los Libertos, que contaba entre sus miembros a Melchor Rodríguez, Feliciano Benito, Celedonio Pérez y Francisco Trigo, otro de los firmantes de la Comisión proescuelas Racionalistas. Como ya había hecho anteriormente en Murcia, continuó ejerciendo de propagandista por diversas ciudades y pueblos, desde León a Zamora, desde Móstoles a Palencia y Mérida. En el Ateneo Libertario de Tetuán y Cuatro Caminos pronunció una conferencia con el tema "¿Qué es la anarquía?" (*CNT*, n.º 78, 8 de febrero de 1933).

Al igual que otros anarquistas, considera que el régimen republicano no satisface los ideales ni resuelve las injusticias sociales que denuncia el movimiento libertario por lo que en las revueltas de 1933 es detenido. En

1935 firma el manifiesto como integrante de la Comisión proescuelas Racionalistas de Madrid, donde se define como maestro y publicista.

En ocasiones, especialmente durante los años de guerra la prensa era utilizada para poner en contacto a personas, para dar anuncios de pérdidas o de cualquier otra circunstancia de carácter cotidiano. Así fue como Amelio Quiles comunica a su camarada Francisco Tortosa que desea ponerse en contacto con él dado que se encuentra enfermo (*CNT*, nº401, 11 de septiembre de 1936).

Miembro desde finales de abril de 1937 del nuevo Ayuntamiento de Madrid presidido por el socialista Henche, que contó con representantes de la FAI, de las Juventudes Libertarias y de CNT: Francisco Tortosa, Melchor Rodríguez, González Marín, Pablo Sancho, Fulgencio Sañudo, Pedro Granizo y Lorenzo Íñigo. Tortosa se integró en las comisiones de Abastos; Asistencia Social; Beneficencia, Sanidad y Policía Urbana. También formó parte del Patronato de Casas Baratas "Salud y ahorro" y de la Delegación de Beneficencia y Puericultura.

Durante la Guerra Civil se integró en la columna Águilas de la Libertad y al término del conflicto pasó a Francia donde fue otro interno más en el campo de Argelès sur Mer, donde sobrevivió en chozas construidas con "yerba de marisma". Por fin se abrieron las puertas para unos pocos miles de exiliados y también para el pintor que nació para el Arte en las playas de Argelès. Le tocó el turno en 1943 embarcando hacia la República Dominicana. Llegó en uno de los barcos del exilio -que nunca serán suficientemente reconocidos- de nombre De la Salle registrado como el pasajero Francisco Tortosa Albert, de profesión dibujante, soltero y de 60 años. Su destino fue Dajabón[44]. Desembarcó el 2 de febrero.

Juan de Juanes reproduce las palabras que explican la decisión artística del valenciano:

"Mi decisión de cultivar el arte de la pintura nació en mí, estando en el campo de concentración de Argelès, en el sur de Francia. Mi primer cuadro lo hice en Santiago de los Caballeros de la República Dominicana, ya pasados los sesenta y tres años. No recibí, ni en el Dibujo ni en la Pintura, las más pequeñas lecciones de nadie, absolutamente de nadie. Así que lo que soy en el arte o lo que puedo ser, viene derecho de mi sensibilidad y del tierno amor que siento por todo lo que es luz y pureza, forma y ternura"[45].

Así se define la personalidad del maestro, la necesidad de aportar esa metodología pedagógica de la búsqueda, de la curiosidad y la experimentación.

Sin nada, con las maletas vacías, encontró refugio y ayuda en la casa del farmacéutico Narciso Román, en Santiago de los Caballeros, "en la esquina de las calles Máximo Gómez y Sully Bonnelly, constituye un inmueble singular en la ciudad. Construida en 1941"[46]. Y en ella, según describe Edwin Espinal, se encuentran cuatro murales, tres de ellos firmados "Tortosa", probablemente la primera obra en Latinoamérica del maestro exiliado.

Escribe Almagre que comenzó a pintar "con los ojos de un niño que hubiera vivido en un campo de concentración y después de haber sentido las angustias del mundo"[47].

Al igual que la inmensa mayoría de exiliados, lo que parecía iba a ser un destino definitivo, se convirtió en una parada intermedia dadas las condiciones establecidas por la dictadura de Trujillo. Así, Tortosa se traslada a Cuba, donde consigue exponer su pintura, como analiza Jorge Domingo en sus estudios sobre los exiliados republicanos en la isla[48].

Dedicado completamente a la pintura, consigue el éxito en sus primeras exposiciones mexicanas, de manera que se establecerá definitivamente en el país que abrió su tierra a cuanto español huyera del fascismo[49]. En Cuba realiza su primera exposición en abril de 1945 en el Liceo de Damas, en el Vedado, La Habana, logrando que la crítica considerase su pintura como una representación de "la vanguardia de la pintura primitivista, expresión neta de una honda y pura corriente de tradición popular"[50].

Ese mismo año llegó a México gracias a la ayuda de María Asúnsolo, Salvador Toscano y del ministro de Relaciones Exteriores Francisco Castillo. Conoció a Carlos Pellicer, poeta y director de Bellas Artes, que organizó una exposición en el Foyer del Palacio de Bellas Artes (1946). Dos años más tarde presentó su tercera exposición en el Instituto Nacional de Bellas Artes. Igualmente, expuso en la galería de Blandino y Rosita García Ascot, que había sido pianista al lado del genial Enrique Granados y alumna de Manuel de Falla. La galería, fundada en México, permaneció en activo desde 1955 a 1966 y en ella expusieron artistas internacionales y del exilio como Remedios Varo, José Clemente Orozco, Elvira Gascón, Juan Luis Buñuel y Francisco Tortosa[51].

De nuevo, en 1950 expuso en el Salón de la Sociedad de

Periodistas y en la Tribune Subway Gallery de Nueva York. La siguiente muestra tuvo lugar en la Galería Prisse, en 1952, convirtiéndose en uno de sus artistas junto a otros mexicanos y españoles[52]. A continuación, entre agosto y septiembre de 1954, se contemplaron sus obras en la Galería Proteo. La exposición, con el patrocinio del general Ignacio M. Beteta, se instaló en las Galerías Excelsior y constó de 38 cuadros con cuya venta esperaba poder viajar a París.

Mariano Viñuales, que realizó la presentación de la primera y de la tercera exposición de Tortosa escribe:

"Sus paisajes tienen la alegría recién nacida del despertar de las cosas en las primeras auroras del mundo. Para Tortosa nada ha envejecido; todo conserva el alborozo gozoso de los días primigenios"[53].

En México coinciden los dos maestros racionalistas firmantes del texto pro-Escuelas Racionalistas. Podemos imaginar la emoción de los desterrados que compartieron ideas, la tragedia bélica, la miseria de Argelès y que, tras años, se desenvuelven en otras ocupaciones y profesiones. En la crónica titulada "Exposición de pinturas" Giménez Igualada narra que su compañero valenciano presentó 21 óleos en el Palacio de Bellas Artes de México, en la exposición patrocinada por Diego

Ribera, que fue el redactor del programa. Y Giménez Igualada señala las enormes diferencias físicas e ideológicas de ambos:

"pintor desde que nació (...) pintó su tierra, y su vida, la que vio al nacer y la que llevaba impresa... lujuriante, con su mar "más azul que el azul", y pintó sus sueños de ilusión, de esperanza y de alegría" y el otro maestro define su mundo, ya que le conoció en Madrid, "porque Tortosa es un amoroso, y pinta un mundo bello y riente porque su alma anárquica, bella y libre, que anarquismo, el anarquismo tortosiano es la placentera alegría del vivir"[54].

La guerra destruyó el sueño pedagógico de ambos anarquistas, que no su coincidencia pacifista y humanitaria. Y ambos tuvieron que crearse un nuevo mundo donde la literatura y la pintura se fundieron en los paisajes mexicanos más hermosos.

Cuando inauguró su exposición en la Galería Diana, del mexicano Paseo de la Reforma 489, frente a la fuente de Diana, presentó diez cuadros que se alejaban un tanto de los paisajes luminosos, de los retratos y desnudos que había venido realizando, extendiendo en los lienzos una multitud de figuras humanas, animales y vegetales: "Tepoztlán", "Cerro del Tesoro", "Leyenda y

Ensueño"; "Tepoztlán, sinfonía y amor"; "Composición 1", "Composición 2";"Composición 3"; "Entrada al Edén"; "Maternidad, sinfonía infantil"; "Desnudo, mar y mar frente a frente"; "Estudio nocturno". En una de las crónicas periodísticas referidas a la exposición se recogen las palabras de dos figuras tan vinculadas a la España republicana como fueron Diego Rivera y Margarita Nelken[55]:

"Tortosa, sin duda, nació pintor; pero antes de empuñar paleta y pinceles para dar a sus telas 3 manos de rica pasta, esperó sesenta años para que creara la primera capa de color fresco con que cubrió su retina la luz de Valencia cuando él nació" (Diego Rivera).

"¿Un primitivo? Sea. En el sentido en que el calificativo se aplica a aquellos artistas que convertían el fresco o el cuadro de caballete en acto de fe... ¿Un primitivo, dijimos? Sea. Quizá el único que, en estos días en que el mundo busca angustiosamente soluciones a su punzante inquietud, tiene derecho a ostentar ese título, que fue el de los artistas más seguros de su tiempo" (Margarita Nelken).

La Exposición de Artistas Huéspedes, celebrada en el Salón de la Plástica Mexicana, del 9 al 26 de junio de

1954 realizaba una propuesta que se definía en el catálogo:

"Abrir las puertas a los pintores que venidos de otros países están realizando su obra en México, colaborando (con) el prestigioso plástico del país". Nos refiere Carmen Gaitán que la exposición estaba auspiciada por el INBA y que participaron 28 artistas invitados, entre los que se encontraban los españoles Roberto Fernández Balbuena, Elvira Gascón, Ramón Gaya, José Moreno Villa, Ceferino Palencia, Miguel Prieto, Antonio Rodríguez Luna, Arturo Souto, Francisco Tortosa y Ceferino Colinas. Además, la muestra recogía obra de artistas extranjeros como Leonora Carrington, Guther Gerszo, Wolfgang Paalen, Alice Rahon, Valetta Swann o Marina Núñez del Prado[56].

Vivió sus últimos años en un cuarto de hotel ubicado en la avenida Álvaro Obregón de México D.F.[57]. Pudo ser reconocido en un homenaje organizado en el Ateneo Español poco antes de que la enfermedad le obligara a ingresar en el Sanatorio español, pero solicitó que todos sus cuadros se vendieran para entregar el dinero recaudado a los presos de España[58]. Falleció en México el 4 de septiembre de 1956[59].

En la exposición "Pintores y escultores republicanos españoles en México" celebrada en la Galería Mercedes y Jordi Gironella de México D.F. en octubre de 1975, se reunió una amplia muestra de la obra de distintos artistas, figurando entre los fallecidos Francisco Tortosa[60].

[10]

FRANCISCO TRIGO DOMÍNGUEZ

La Ciencia se halla en el origen de la escuela racionalista. El respeto por el camino que conduce al conocimiento mediante la práctica del razonamiento, sin imposición autoritaria, valorando al ser humano sin distinción, proponiendo hipótesis y ofreciendo medios para observar, experimentar, deducir, exponer... Por eso, en nada sorprende que personalidades de la Ciencia, de las Letras y de las Bellas Artes, hombres y mujeres, participaran en las conferencias de las escuelas de los ateneos libertarios y que se identificaran con un programa educativo que huía del dogma y de la discriminación para utilizar como método el respeto, el afecto y el uso de la razón[61].

Que un perito químico se posicionara a favor de una escuela libertaria, que aportara su nombre para difundirla, apoyarla y, en definitiva, para crearla en el Madrid republicano no debería sorprender; sin embargo, significarse le costó un sufrimiento añadido ante la sinrazón, la intolerancia y el nacionalcatolicismo.

Sometido al denominado Tribunal de Responsabilidades Políticas es condenado a doce años y un día de reclusión menor e inhabilitado para cualquier cargo público al ser acusado de masón. Posteriormente, el Consejo de Ministros consideró reducir la sentencia a seis años y un día[62].

Nació en la localidad onubense de Nerva en el año de la guerra con Estados Unidos, un 18 de febrero de 1898. De esa ciudad fue su padre alcalde en tiempos de la dictadura de Primo de Rivera. Realizó estudios de Química, y tras residir en Tetuán, se trasladó a Madrid en 1927. Dos años antes se casó con Rosalía Martín Álvarez. Al menos conocemos una vivienda donde se alojó, en la calle Hermosilla, 124. Consiguió trabajo en el Hospital del rey. Se intensifica entonces su actividad sindical, formando parte con el famoso Melchor Rodríguez del grupo *Los Libertos* desde 1929. Fue uno de los fundadores del Sindicato de Sanidad, siendo secretario de la Federación Regional de Centro de Sanidad e Higiene lo que le llevará a participar en el Congreso de 1931.

En 1935 le encontramos formando parte de la Comisión pro-Escuelas Racionalistas de Madrid firmando el manifiesto junto al resto de personalidades del grupo. En el momento del golpe militar, su actividad sindical y de gestión se multiplica, estableciendo numerosos vínculos entre sanidad y enseñanza mediante distintos proyectos de los que formó parte con mayor o menor responsabilidad.

Participó como delegado en el Congreso de Zaragoza de 1936 perteneciendo al Comité Nacional de la CNT. Partidario de la participación en el Gobierno de la organización anarquista fue Delegado de Sanidad en Madrid en los ministerios de Federica Montseny y posteriormente en el de Segundo Blanco, y Subsecretario de Sanidad en la Junta de Defensa en 1939, tras el golpe de Casado. Durante la guerra organizó el primer batallón antigás de España. Su actuación en el ámbito sanitario desde su militancia en la CNT ha sido estudiada de manera exhaustiva por Martí Boscà en uno de sus trabajos sobre el Movimiento Libertario y la Sanidad[63].

Los denominados Dispensarios de Higiene Infantil creados por la Delegación de Sanidad dirigida por Trigo, se crearon para luchar contra la mortalidad infantil, siendo inaugurados el 28 de junio de 1937, creándose diez centros que atendían a unas 30.000 criaturas de cero a dos años. En los centros se abordaba el cuidado tanto de la salud como de la enfermedad contando con los servicios de puericultura, pediatría, seguimiento médico, enfermería, celadora y limpieza, manteniendo relación con los laboratorios y el servicio antituberculoso. El personal de los Dispensarios trabajaba todos los días de la semana para poder afrontar una labor tan enorme. La entrevista que le dedicó *CNT* con fotografías de Sanz refleja el enorme esfuerzo durante la guerra, situando el cuidado de la infancia y de las madres en primerísimo lugar. La organización permitía tener los datos individualizados de cada niño, controlar su peso y crecimiento, atender el seguimiento por las mañanas y a los enfermos por la tarde para evitar contagios. Con la capital sufriendo los bombardeos, con el frente a sus puertas, Madrid desarrolló un servicio de atención a la infancia reconocido por su calidad y eficacia. Trigo, además, anunciaba los futuros proyectos como la creación de Casas-cuna, Jardines de

Infancia de 3 a 5 años y la instalación de comedores escolares en los Dispensarios, para evitar una deficiente alimentación en el alumnado. Las propuestas de Trigo suponían situar la educación temprana como la clave en la reducción de enfermedades, contagios y para lograr un crecimiento integral del niño:

"Para darle una idea de la labor profiláctica que desarrollan estos centros, te diré que las vacunaciones antivariólicas han ascendido en el primer semestre del año a 20.000; las antidiftéricas a 5.000; la profilaxia del raquitismo se ha hecho con la administración constante a la madre y a los niños de 200 gramos de aceite de bacalao para las primeras y 100 para los niños, semanalmente; concentrados de naranja y otros productos vitamínicos, etc." (Entrevista a Federico Trigo publicada en *CNT*, n.º 986, Madrid, 14 de agosto de 1938).

Frente a las críticas que surgieron desde algunos sectores no suficientemente identificados, pero de los que se hizo eco *El Heraldo de Madrid*, Trigo expuso sus argumentos en un artículo de opinión lleno de indignación contenida, trazando la línea que marcó el Ministerio frente a quienes se oponían al traslado a otros destinos fuera de la capital. Reseñamos unos párrafos, ya que refleja el idealismo que presidían las acciones de figuras como la del maestro Trigo:

"En esta Delegación se han atendido siempre, como corresponde a un anarquista, cuantas reclamaciones justas ha presentado el personal para aclarar un concepto de justicia y humanidad (...) Estamos hartos ya de escuchar cosas absurdas sobre el estar o no estar en Valencia o en Madrid. Cada uno debe estar donde sea útil y el "mando" lo determine (conste que a los anarquistas nos ha costado muchos sacrificios esto del "mando" y la "disciplina"; pero, aceptado, como siempre, damos ejemplo)" (*CNT*, n.º 573, 19 marzo 1937).

Para Trigo, la CNT y la FAI actúan de acuerdo con sus principios, sin más sobresaltos que los originados por "el hecho violento", por la guerra. Y la prioridad fundamental para construir un mundo armónico es la salud:

"que es la fuente de la vida y de la felicidad (...) Pensar alto, obrar recto, amar con pureza de sentimientos y trabajar con eficiencia, requieren armonía de las fuerzas vitales, mantenimiento y conservación de la energía que nos anima (...). La planificación de la sanidad requiere afrontar los problemas originados por la miseria, por la falta de condiciones higiénicas y, al mismo tiempo se requiere una educación para la salud a lo largo de toda la vida (...) La mujer embarazada, primera atención de la Sanidad. El niño, en la cuna, en sus primeros pasos, en la escuela, en el hogar, en el taller, en la fábrica, en la ciudad, con la guía cariñosa, educativa y profiláctica de la sanidad controlada por los Sindicatos, por las Organizaciones obreras"[64].

El delegado de Sanidad presenta un organigrama en el que muestra el Consejo Nacional y los Consejos provinciales de Asistencia Social, donde la presencia de maestros es imprescindible para ocuparse de la educación de "anormales y desvalidos". Y de ahí la íntima relación con la profilaxis, la educación temprana que proponía permanentemente en sus intervenciones y escritos.

Quien impulsó la mejora de la sanidad y de la educación, sufrió a lo largo de su vida la cárcel en cuatro ocasiones. La primera, al ser acusado de participar en la sublevación de Cuatro Vientos; la segunda, en 1933; la tercera, al iniciarse el fatídico 1936, siendo acusado de poseer explosivos; finalmente, tras la derrota republicana[65]. Tratando de conseguir un pasaje en cualquier barco de los que nunca llegaron, vivió el sufrimiento y la desesperación con otros miles de personas en los muelles del puerto de Alicante, siendo detenido y encerrado en los terribles campos de prisioneros de Almendros y Albatera. Condenado a doce años, sufrió presidio en Nerva, Madrid y Burgos. Nuevamente fue condenado a otros doce años al ser acusado de pertenecer a la masonería. Como en otros casos, los testimonios de agradecimiento de personas comprometidas con los vencedores y otros grupos derechistas o religiosos, destacando sus valores y actuaciones solidarias en el Madrid republicano durante la guerra, tuvieron como consecuencia una rebaja en la condena de seis años. Finalmente, al conseguir la libertad pudo encontrar trabajo como agente de seguros[66].

OBRAS DE FRANCISCO TRIGO

Publicó artículos y cuentos en la prensa libertaria. Tenemos noticias de:

Amor y guerra (drama en tres actos). Minas de Riotinto, Imprenta la Moderna, 1915.

Un año de actuación municipal. Huelva, Diario de Huelva, 1926.

El honor de las mujeres.

El tesoro perdido (que permanece inédito y que analiza su actuación antes de la Guerra Civil).

[11]

TEXTOS DE LOS MIEMBROS DE LA COMISIÓN

Bondad (fragmento, 1965)
Miguel Giménez Igualada

Y hétenos aquí en las mismísimas puertas de la casa del hombre libre, que hace bien sin mirar a quién, pero también a las puertas de las casas que habitan los sectarios, en las que vive y prolifera una extraña bondad que sólo actúa a favor de los que observan los mandamientos de sus iglesias. Así, socialistas y católicos, por no nombrar a otros, teniendo todos y cada uno de ellos ideas de grupo-no personales-diferentes y contrarias entre sí, se conducen de manera tal que lo que ellos llaman su bondad, y no es bondad amplia, generosa ni humana, beneficia únicamente a los de sus respectivos grupos y perjudica a los contrarios, creando en ellos rencores que un día explotan, entregándose a actos de violencia. Y la violencia es mala, muy mala; lo fue ayer, lo es hoy y lo será mañana, pues con ella en el corazón y en la mano, el padre expulsa al hijo de su hogar, se pelean los esposos, riñen los amigos; con ella, como norte e instrumento de sus vidas, unos hombres esclavizan a otros hombres; por ella, como evangelio de su religión, unos pueblos asuelan a otros pueblos. Sí, hermano, sí, la violencia es mala, muy mala, terriblemente mala. De ella nos hablan la historia de Numancia, la de Cartago, la de Cholula, la de Hiroshima. No hay persona moralmente bien formada que pueda sostener con razones humanas que el mal es bueno, por lo que no se atreven a defender la violencia ni aun los malos, que han llegado a comprender, a fuerza de repetírselo los buenos, que en las escuelas y a los niños la letra no les entra con sangre, pero que, sin embargo, continúan poniendo en práctica contra los hombres el inhumano refrán de "la letra con sangre entra", entendiendo por letra, en los casos de las revoluciones que ellos pregonan, patrocinan y desatan, los postulados o principios revolucionarios que los ideólogos inventan y quieren imponer.

"Labor de nuestros maestros en el nuevo
Ejército Popular".
Orientaciones, n.º 24, julio 1937
Rafael Monteagudo

Nuestro compañero Rafael Monteagudo, destacado miembro del Comité Nacional de la C.N.T. y afiliado al Sindicato de la Enseñanza de Madrid, nos remite, desde Valencia, el interesante artículo que a continuación publicamos, demostrando una vez más, la atención que dedica a la Federación Regional de Sindicatos de la Enseñanza del Centro.

Parecerá a simple vista que la labor a desarrollar por los Maestros en el actual Ejército puede ser lo mismo que la de los compañeros de las demás profesiones; pero, por desgracia, existe una realidad que todos conocemos, y es que la mayoría de los compañeros que se encuentran combatiendo en las trincheras son analfabetos o semianalfabetos, y el pueblo español está abocado a una transformación tal que la falta de cultura ha de ser un gran entorpecimiento para el fácil desarrollo de la Revolución, que si bien la empezamos a vivir el 18 de julio, no es menos cierto que finalizada la guerra, será cuando se note los efectivos con que contamos para que adquiera la envergadura que requiere en satisfacción a las condiciones de nuestro pueblo.

Quizás en las trincheras los compañeros Maestros no tengan la acometividad de otros muchos compañeros que por la profesión tuvieron que mantener grandes luchas con los patronos, movimientos donde se despierta el coraje y se acostumbra al individuo a pasar miles de fatigas, persecuciones – otros sinsabores que hasta ahora tuvo que sufrir el proletariado español por la cerrilidad de la clase patronal, pero esto no quiere decir que cuando se presenten los momentos del avance cada uno sepa cumplir con su deber.

La lucha, según hoy está establecida, es dura, pero siempre deja tiempo para efectuar labores útiles, y seguramente hoy en las trincheras habrá pocos profesionales que, cumplidos sus trabajos guerreros, puedan dedicarse a otra labor más útil que la del Maestro; cada compañero Maestro, si sabe portarse como tal revolucionario, no puede consentir que en su grupo pueda haber compañeros que no sepan leer, ni tampoco disuadirse de ciertas explicaciones para las que no es necesario encontrarse encerrado en un aula. Si cada uno sabe ocupar su sitio en la lucha, podemos tener seguro que al final de la contienda tendremos al pueblo en un grado de cultura que no podrá envidiar nada a los países más avanzados; pero todos tenemos que tener en cuenta que las cosas que cada uno pueda hacer no ha de esperar a que vengan de arriba, porque entonces no haríamos nada.

Todo el que tenga alguna práctica de la escuela sabe que no se puede ser Maestro por intereses particulares, porque entonces no se hace labor útil: hay que serlo por vocación, se tiene que tener amor a la profesión; los intereses profesionales estaban muy bien en la sociedad que hemos derrumbado, pero no en la que nos proponemos levantar. Aquel hombre que lucha por una causa que él cree justa no lo ha de hacer, en estos momentos, por mejorar su situación, sino por cumplir con aquella idea. Que lleva grabada en la mente y clavada en el corazón. Para ello, es conveniente que cada cual se dé cuenta de la obra del Maestro. No podemos consentir que se siga creyendo que el Maestro, por vieja tradición, es un ser que no representa papel alguno en la sociedad, cuando su cometido encierra la obra de mayor responsabilidad que se pueda registrar en la Historia. Las condiciones morales de cada pueblo se dibujan según los Maestros que han tenido. Y en el futuro, la nueva humanidad floreciente, libre de la explotación que hasta ahora hemos sufrido, reunirá aquellas condiciones morales que los Maestros le hayan inculcado. Guardemos con ellos las consideraciones que nos merecen y que cada uno se haga cargo de la responsabilidad que contrae, pues en parte son los responsables directos del triunfo de nuestra Revolución, que ha ser la primera (...) por la que se oriente el mundo trabajador.

"Algo sobre Pedagogía sexual"
Brazo y Cerebro, periódico de orientación anarquista n.º
19, 15 de febrero de 1936, p.3[67]
José Pardo Babarro

Si hay un axioma admitido por todos, es que el mejor medio de salvar un peligro estriba en conocerlo bien (Nandet).

Sin disquisiciones justificantes, empezamos este trabajo afirmando que los padres son biológicamente los destinados a iniciar al niño en cuestiones sexuales. Y para ello precísase una previa preparación, capacitación por parte de los padres o de quien haga sus veces y unas relaciones con sus hijos de franca camaradería. Sin estas premisas, fracasarán ruidosamente y desarrollarán labor pornográfica en vez de una recta educación sexual.

Quien no esté capacitado, que se abstenga de tocar tan delicado problema y entregue sus hijos a las sabias enseñanzas de un maestro preparado para tal fin. Pero si el padre optase por adquirir el tacto y el cacumen precisos para salir airoso de la difícil empresa, preferible sería a delegar este deber biológico en manos extrañas.

No ignoramos la tendencia de gran número de padres a saltarse a la bartola su principal deber: el de educar a sus hijos. El ideal de estos malos padres es el internado que les libre del peso que representa la educación de sus hijos.

¿A qué edad se debe iniciar al niño en materia sexual? Creo un error señalar edad. La precocidad diferente de cada niño; el medio en que se desenvuelve; la observación fortuita de actos relacionados con el sexo en la más tierna edad, etc, etc, son causas que hacen imposible fijar la edad de iniciación. No importa tanto la edad cronológica como la biológica. Por esto aconsejamos e insistimos en que ha de ser el niño, espontáneamente, quien fije la fecha de nuestra intervención. Si reunimos las condiciones arriba anotadas (preparación y camaradería), podemos responder siempre a las preguntas e insinuaciones hechas por nuestros pequeñuelos.

La norma será: contestar siempre, de una forma clara y científica, a las preguntas del hijo. Y contestar sola y únicamente hasta satisfacer su curiosidad. Prefiriendo sobrepasarnos a quedarnos rezagados, porque es más dañina la preocupación hija de la insatisfacción a la precocidad en la adquisición de estos conocimientos, siempre y cuando estén inspirados por las puras aguas de la ciencia.

En la edad escolar, el maestro debe, en colaboración con los padres, ampliar estas enseñanzas de importancia capital para el futuro del niño. El pequeño saldrá de la escuela conociendo el proceso fisiológico de la fecundación, lo más necesario de higiene sexual, los peligros del onanismo y prácticas sexuales precoces.

En la adolescencia. Desde la Cátedra, desde la tribuna y en el hogar, debe enseñársele lo concerniente a psicología sexual, lo inconveniente de los contactos prematuros, los peligros venéreos y, sobre todo, hemos de esforzarnos por despertar en el joven la repulsa moral contra el amor mercantil y la responsabilidad del contagio venéreo. En esta edad, el instinto sexual debe ser canalizado hacia el estudio y la cultura física, haciéndole ver las ventajas de la sobriedad sexual y los peligros de los excesos.

En la edad que antecede a la paternidad: los conocimientos sobre psicología sexual deben ser ampliados y la erótica, basamento de la felicidad conyugal, no podrá ser descuidada. Y culminará esta educación con la formación en cada hombre de una conciencia eugénica que sea el faro orientador de su vida sexual y de los resultados naturales de esta fase de nuestra existencia. El folleto, la prensa, la revista, la cátedra, la tribuna y la radio serán los medios precisos para conseguir esta meta ideal.

¿Y la moral? Preguntarán los puritanos. La moral, la nueva, brotará sublime de estos corazones comprensivos y sinceros y de estas conciencias abiertas a la luz y guiadas por un nuevo sentimiento de responsabilidad individual.

Dr. J. PARDO BABARRO.

Orense.

"Estructura moderna de la sanidad"
(*CNT*, n.º 519, 17 de enero de 1937)
Francisco Trigo

No debo ser yo quien haga el elogio de nuestra compañera Federica Montseny, actual ministro de Sanidad y de Asistencia Social. Parecería una ridícula adulación de un agradecido, por la confianza que ella ha depositado en mí. Ni ella ni yo gustamos de esas cosas. Los dos somos anarquistas y sólo nos debemos al cumplimiento de un deber por nuestros ideales, tan amados.

Tan conocida es, en nuestros medios y fuera de ellos, que todos sabemos que es el alma de la nueva estructura social. No solo en el aspecto que pueda referirse a la Sanidad, sino en el conjunto de nuestro ideal de Comunismo Libertario, que alcanza a todas las actividades útiles para la felicidad de la Humanidad.

Existe una energía vital y encauzadora que enlaza los trabajos específicos de los técnicos con las concepciones ideológicas de los creadores para convertirlas en realidades tangibles.

Esa fuente fecunda de energías es nuestra Federica. Y en sanidad ha hecho lo que le corresponde: trazar un plan convergente a nuestro fin y decirle a los sabios y a los técnicos: "trabajad libremente por ahí; cread sin trabas, que yo, y las organizaciones obreras recogeremos vuestra obra útil y con nuestra energía y los esfuerzos de todos, las haremos realidades".

Ella quiere a su lado hombres de trabajo y de buena voluntad, para que estudien, creen y resuelvan, con serenidad y energía.

¡Y lo conseguirá! Toda su fe y la nuestra está en el impulso creador de las dos organizaciones unidas UGT y CNT. Nadie como ella ha sido fiel a nuestros postulados de unidad, que desde hace años defendemos. Y ahora que puede, lo cumple sin vacilaciones.

UGT y CNT en la Sanidad, para controlarla y dirigirla, en igualdad fraternal. La Alianza Obrera y la administración proletaria en todo, porque de ellas brotará, en comprensión espontánea, la realización de nuestro magnífico ideal. Los que seguimos, nos sentimos impulsados por su propia energía y tenemos esperanzas en el porvenir. Deseo que estas cuartillas mías hayan interpretado también su pensamiento.

Francisco Trigo Domínguez. Delegado provincial de Sanidad del Sindicato de Sanidad de la CNT y del grupo "Los Libertos", de la FAI.

PRENSA, WEBS Y BIBLIOGRAFÍA UTILIZADA

[PRENSA]

Brazo y Cerebro
¡Campo Libre!
CNT
Juventud Libertaria
Liberación
Nosotros
Orientaciones
La Revista Blanca
Solidaridad Obrera
Tierra y Libertad

[WEBS]

http://pares.mcu.es/ParesBusquedas20/catalogo/autoridad/156239 (5 de agosto de 2021)

www.redestb.es/personal/dmr/index.htm

https://patrimoniodocumental.icam.es/es/consulta/registro.do?id=32770 (consultada 22 de agosto de 2021)

https://www.dwightbolinger.net/photos/los-angeles-ca/ (consultada el 20/08/2021)

https://alicantepedia.com/bases-de-daros/stanbrook-pasajeros-y-tripulaci%C3%B3n (1/11/2021)

https://www.cmourense.org/es/120-contigo-entrada/capitulo-4

http://puertoreal.cnt.es/es/bilbiografias-anarquistas/3786-jose-pardo-babarro-oculista-anarcosindicalista.html

https://www.diariolibre.com/actualidad/ciudad/la-

desconocida-obra-de-un-republicano-espanol-en-santiago-
OP12591078 Edwin Espinal Hernández - SANTIAGO
19/04/2019,

http://miguelangelmoralex-bitacora.blogspot.com/
2010/07/ https://pacosalud.blogspot.com/2014/09/
francisco-tortosa-anarquisya-del-grupo.html

https://www.todoslosnombres.org/content/biografias/
francisco-trigo-dominguez

[BIBLIOGRAFÍA]

Alba, Fraterno. *La labor cultural de los ateneos*. Editado por el ateneo Libertario de Sans, Barcelona. S/f.

Álvarez Junco, José. *La ideología política del anarquismo español (1868-1910)*. Siglo XXI editores, Madrid, 1976.

Bajatierra, Mauro. *Los Ateneos libertarios. Su orientación. Su moral. Su táctica revolucionaria. Demostración de cómo se enseña a nuestros camaradas en la vida de los centros libertarios.* Biblioteca Plus Ultra,1931-32, Madrid.

Cabañas Bravo, Miguel. "De la alambrada a la mexicanidad. Andanza y cerco del arte español del exilio de 1939 en tierras aztecas" en *Después de la alambrada. Arte español en el exilio 1939-1960.*

Cassá Bernaldo de Quirós, Constancio (2010) "Influencia de los republicanos españoles en la Universidad de Santo Domingo 1940-1947" en Rosario Fernández Reina C. (Coord.) (2010). *El exilio republicano español en la sociedad dominicana*. Comisión Permanente de Efemérides Patrias; Archivo General de la Nación; Academia Dominicana de la Historia: Santo Domingo.

Cortavitarte, Emili. *Movimiento libertario y educación en España (1901-1939)*. Calumnia, Mallorca, 2019.

Diz, Samuel; Fontán, Beatriz: "Recuento histórico de la galería Diana de Rosita García Ascot: Cuna de artistas" en *Cultura. INBAL*, Boletín n.º1949, 13 de diciembre de 2019. Ciudad de México.

Domingo, Jorge. *El exilio republicano español en Cuba*. Madrid: Siglo XXI, 2009.

Ferrer Guardia, Francisco. *La Escuela Moderna*. Tusquets editor, Barcelona, 1978.

Giménez Igualada, Miguel. *Anarchisme*. Traducción y prefacio Guillaume Demange. Mouvement des Savoirs. L'Harmattan. París.

Gómez Casas, Juan. *Historia del anarcosindicalismo español*. Editorial Zero, Bilbao, 1973.

González Tejero, Natalia (2013). Nómina de republicaos españoles refugiados en la República Dominicana (1940-41) en *Boletín Archivo General de la Nación*, n.º 135, Santo Domingo.

Henares, Ignacio; López Rafael; Suárez, María Teresa; Tolosa María Guadalupe (2005). *Exilio y creación. Los artistas y los críticos españoles en México (1939-1960)*. Universidad de Granada.

Heras, Beatriz de las (Ed). *Descubriendo el Madrid de la Guerra Civil a través de la mirada de Santos Yubero*. Universidad Carlos III de Madrid, 2015.

Íñiguez, Miguel. *Esbozo de una Enciclopedia histórica del anarquismo español.* FAL, Madrid, 2001.

Llorens, Vicente (1975) *Memorias de una emigración. Santo Domingo, 1939-1945.* Ariel: Barcelona.

Marín, Dolors. *Anarquistas. Un siglo de Movimiento Libertario en España.* Ariel, Barcelona, 2010.

Martí Bosca, José Vicente; Rey González, Antonio; Fernández Fernández, Eliseo, Simón Lorda, David. "El sindicato de sanidad de Santiago de Compostela, 1931-1936: una experiencia frustrada". Ferrol, *Análisis*, págs. 224-235, enero 2007.

Martínez, Miguel Ángel. *Propuestas educativas del Movimiento Libertario en Madrid durante la Guerra Civil.* Fundación Salvador Seguí, Madrid, 2016.

Mella, Ricardo. *El problema de la enseñanza y otros escritos.* La Neurosis o Las barricadas Ed., Madrid, 2013.

Mella, Ricardo. "Problemas de Educación "en *Cultura y Acción*, n.º 7, 20 de octubre de 1928.

Muñoz Cota, José. *Imagen de un hombre libre. Homenaje a Miguel Giménez Igualada.* Centro de Estudios de La Manchuela. Asociación cultural Egelaxta, Iniesta, 1999.

Navarro Navarro, Francisco Javier. *A la revolución por la cultura: prácticas culturales y sociabilidad libertarias en el País Valenciano, 1931-1939.* Universitat de València, 2004

Pérez Pérez, Silvia. *Artistas españoles exiliados en el Caribe: el caso de la República Dominicana y Vela Zanetti.* Tesis Doctoral. Universidad Complutense de Madrid, 2016.

Reyes, Aurora. *Propuesta sobre un estudio del pintor Francisco Tortosa y su obra.* Suplemento de El Nacional, México.

Simón Lorda, David. Recuperando a Memoria histórica na sanidade galega (IV): Galenos de Galicia: Guerra Civil e represión polo franquismo. *Humanidades. Cad. Aten. Primaria* Ano 2012 Volume 18 páx. 84-90.

Solà, Pere "La escuela y la educación en los medios anarquistas de Cataluña 1909-1939" en Ferrer Guardia, Francisco. *La Escuela Moderna.* Tusquets editor, Barcelona, 1976, p. 28.

Solà. Pere. *Las escuelas racionalistas en Cataluña (1909-1939).* Tusquets editor, Barcelona, 1976

Solana Bagüés, María José. "El exilio de los historiadores españoles: origen, evolución y perspectivas de estudio" en *Dosier: Historiografía y dictaduras. Una mirada internacional,* Eduardo Acerete de la Corte (coord.), 2020.

Souto Alabarc, Arturo. "Pintores trasterrados en México" en Varios Autores. *El exilio español en México. 1939-1982.* FCE, México, 1982.

Vadillo Muñoz, Julián. *Historia de la CNT.* Los Libros de la Catarata, Madrid, 2019.

$\left[\text{NOTAS}\right]$

01. Pérez Galán, Mariano. *La enseñanza en la Segunda República Española*. Editorial Cuadernos para el Diálogo, Madrid, 1975. A pesar de las numerosas monografías que continúan apareciendo y profundizando en esta cuestión, la obra de Pérez Galán continúa siendo esencial para adentrarse en la temática.

02. Cortavitarte, Emili. *Movimiento Libertario y educación en España (1901-1939)*. Calumnia, Serra de Tramontana (Mallorca), 2019.

03. Morente Valero, Francisco. *La escuela y el Estado Nuevo. La Depuración del Magisterio Nacional (1936-1943)*. Ámbito, Valladolid, 1997.

04. *Cuatro discursos pronunciados en el mitin de clausura del Pleno de la Federación Regional de Grupos Anarquistas de Levante*, celebrado en Alicante, en el Monumental Cinema, el día 18 de abril de 1937. Editorial Nosotros. Valencia, págs. 40-41. Cano Carrillo preside el mitin en el que intervienen como oradores Manuel Ibarra; Julio Bravo; Serafín Aliaga, de las Juventudes Libertarias; Miguel Giménez Igualada. Cano Carrillo al despedir el acto califica a Giménez Igualada de Marat de la Revolución.

05. Muñoz Cota, José (1970). *Imagen de un hombre libre. Homenaje a Miguel Giménez Igualada*. Centro de Estudios de La Manchuela. Asociación cultural Egelaxta, Iniesta, 1999

06. *Fragua Social*, Valencia, junio 1937

07. *Nosotros. Portavoz de la Federación Anarquista Ibérica*, Valencia, 1 de abril de 1937. En un número posterior, (n.º 44, 6 de abril de 1937), el periodista pregunta a los conferenciantes si deseaban añadir algo que hubieran olvidado en sus intervenciones, Así, refiriéndose a Giménez Igualada dice de él: "el gran compañero nuestro director sin gesto directivo, nuestro compañero capacitado y cordial, el poeta de nuestra casa, poeta siempre, cuando escribe, en la amistad, en el trabajo"

08. CDMH. PS Madrid, caja 58

09. Giménez Igualada, Miguel. *La escuela y el niño*. Editorial Nosotros, Valencia, s/f Portada a color de Muro, 1934.

10. *O.c.*, págs. 36-37.

11. Gilberto Bosques fue un diplomático y pedagogo excepcional que falleció con 102 años en 1995.

12. Giménez Igualada, Miguel. *Dolor*. México, 1944. Un ejemplar se conserva en el Instituto de Historia Social de Amsterdam. Una película de animación del dibujante y director francés Aurel recoge la vida de Josep Bartolí basándose en los mismos dibujos que en 1944 le sirvieron a Giménez para ilustrar sus poemas.

13. *CNT*, nº438, Madrid, 24 de octubre de 1936.

14. *CNT*, n.º 440, 26 de octubre de 1936.

15. Íñiguez, Miguel. *Esbozo de una Enciclopedia histórica del anarquismo español*. FAL, Madrid, 2001.

16. *Orientaciones*, 1937, números 7 y 24, Madrid.

17. *Orientaciones*, nº 24, 1937.

18. Íñiguez, Miguel o.c.

19. https://patrimoniodocumental.icam.es/es/consulta/registro.do? id=32770 (consultada 22 de agosto de 2021).

20. Llorens, Vicente. *Memorias de una emigración. Santo Domingo, 1939-1945*. Ariel, Barcelona, 1975.

21. Catedrático dos veces por oposición; de las Facultades de Ciencias Jurídicas y Sociales y de Ciencias Económicas de la Universidad Nacional de Guatemala. Doctor en Derecho con Sobresaliente, Intendente Consular. Licenciado en Ciencias Naturales y en Filosofía y Letras. Profesor Mercantil. Profesor de Aviación Militar. Miembro de la Sociedades de Geografía e Historia de Guatemala y Honduras.

22. "Durante mi exilio, en los años 1928 y 1929, hice mi primer viaje a Andorra para preparar ese trabajo, que ve la luz cuando alborea en España el sol de la Libertad. ¡Salve, República!", Moreno, Laudelino. Andorra. 1931.

23. González Tejero, Natalia (2013). Nómina de republicanos españoles refugiados en la República Dominicana (1940-41) en *Boletín Archivo General de la Nación,* n.º 135 Santo Domingo.

24. Cassá Bernaldo de Quirós, Constancio (2010) "Influencia de los republicanos españoles en la Universidad de Santo Domingo 1940-1947" en Rosario Fernández Reina C. (Coord.) (2010). *El exilio republicano español en la sociedad dominicana. Comisión Permanente de Efemérides Patrias*; Archivo General de la Nación; Academia Dominicana de la Historia: Santo Domingo p. 69.

25. Hasta un total de 35 colaboraciones en este periódico y 4 en la Revista Militar.

26. Solana Bagüés, María José. "El exilio de los historiadores españoles: origen, evolución y perspectivas de estudio" en DOSIER: *Historiografía y dictaduras. Una mirada internacional,* Eduardo Acerete de la Corte (coord.), 2020. p. 143.

27. Solana o.c. p.143.

28. Llorens, oc. P.29.

29. Referencia proporcionada con enorme amabilidad por Elyse Levine. Office of the Board of Trustees Chair. USC

30. https://www.dwightbolinger.net/photos/los-angeles-ca/ (consulta el 20/08/2021).

31. https://alicantepedia.com/bases-de-daros/stanbrook-pasajeros-y-tripulaci%C3%B3n (1/11/2021).

La historia del Stanbrook, de la tripulación y del capitán Dickson es un ejemplo de solidaridad y heroísmo. "Buque carbonero británico que efectuó la última evacuación de refugiados republicanos españoles del puerto de Alicante, el 28 de marzo de 1939, con destino a Orán (Argelia). Fue construido en 1909 por la Tyne Iron Shipbuilding, en los astilleros de Willington, para la compañía Fisher Renwick Manchester-London Stamers, que lo denominó Lancer. En 1937 fue comprado por la compañía Stanhope Steamship, y renombrado como Stanbrook. Ese mismo año se llevó a cabo otra operación comercial, donde acabó en manos de la naviera griega G.M. Mavroleon, que le cambió el nombre por el de Polyfloisvios, aunque finalmente, regresó a sus anteriores dueños, que le devolvieron el de Stanbrook. Sólo seis meses después de haber llevado a los refugiados republicanos a Orán fue hundido en el mar del Norte, por el torpedo de un submarino alemán, capitaneado por Claus Korth, que ya había dirigido otros submarinos, que habían hundido barcos republicanos españoles. Una actuación solidaria, heroica y encomiable del capitán Dickson y su tripulación en una travesía que duró 22 horas con enorme riesgo y cuyo pasaje fue retenido en la ciudad argelina por las autoridades francesas durante un mes en lamentables condiciones

32. Íñiguez, Miguel. o.c.

33. HMM, periódico *CNT*, 1933.

34. CDMH, PS-Madrid, 2324. Sobre este hecho nos da noticias la excelente tesis de Bernalte Vega, Francisca. La cultura anarquista en la República y la Guerra Civil: los ateneos libertarios en Madrid. Universidad Complutense de Madrid. Facultad de Geografía e Historia. Departamento de Historia Contemporánea, Madrid, 1991, p.410.

35. *Liberación*, 17 de agosto de 1937, artículo de José Bernabé, referido por Javier Navarro.

36. *CNT*, n.º 647, 24 de junio de 1937.

37. Navarro, Javier. *A la revolución por la cultura. Prácticas culturales y sociabilidad libertarias en el País Valenciano, 1931-1939*. Universitat de València., 2004, p.138.

38. Ibid.

39. Martí Bosca, José Vicente; Rey González, Antonio; Fernández Fernández, Eliseo, Simon Lorda, David. "El sindicato de sanidad de Santiago de Compostela, 1931-1936: una experiencia frustrada". *Ferrol Análisis*, págs.224-235, enero 2007. Parece que Pardo fundó el Sindicato de Sanidad junto a otros estudiantes como fueron Ángel Ruiz de Pinedo, Álvaro Daniel Paradela Criado, José Emilio Bacariza Mallo, José Touriño Painceira, Fermín González, José Rodríguez Portugal, Gerardo Sueiro Martínez, Cesáreo Briones Varela, etc.

40. Ibid.

41. http://puertoreal.cnt.es/es/bilbiografias-anarquistas/3786-jose-pardo-babarro-oculista-anarcosindicalista.html

42. Reyes, Aurora. "Propuesta sobre un estudio del pintor Francisco Tortosa y su obra". *Suplemento de El Nacional*, México. Archivo del Ateneo Español de México, caja 18, expediente 256. Recorte hemerográfico.

43. Íñiguez, Miguel, o.c.

44. González Tejera, Natalia. Nómina de republicanos españoles refugiados en República Dominicana (1940-1941), en *Boletín del Archivo General de la Nación*, nº 135, 2013. Santo Domingo.

45. Juan de Juanes. "Desventura, Aventura y Ventura de Francisco Tortosa". Referencia hemerográfica. Archivo del Ateneo Español de México. Caja 18, expediente 256.

46. https://www.diariolibre.com/actualidad/ciudad/la-desconocida-obra-de-un-republicano-espanol-en-santiago-OP12591078 Edwin Espinal Hernández 19/04/2019.

47. Almagre, Juan "El arte en México". Recorte hemerográfico. Ateneo Español de México. Caja 18, expediente 256.

48. Domingo, Jorge. *El exilio republicano español en Cuba.* Madrid: Siglo XXI, 2009.

49. Una breve reseña de su obra pictórica se encuentra en la obra colectiva Henares, Ignacio; López Rafael; Suárez, María Teresa; Tolosa María Guadalupe (2005). *Exilio y creación. Los artistas y los críticos españoles en México (1939-1960)*, Universidad de Granada.

50. Pérez Pérez, Silvia. *Artistas españoles exiliados en el Caribe: el caso de la República Dominicana y Vela Zanetti.* Tesis Doctoral. Universidad Complutense de Madrid: 2016, p.71

51. "Recuento histórico de la galería Diana de Rosita García Ascot: Cuna de artistas" en *Cultura.* INBAL, boletín número 1949, 13 de diciembre de 2019. Ciudad de México. Resumen de la intervención de Beatriz Fontán y Samuel Diz.

52. Cabañas Bravo, Miguel. "De la alambrada a la mexicanidad. Andanza y cerco del arte español del exilio de 1939 en tierras aztecas", en *Después de la alambrada. Arte español en el exilio 1939-1960.*

53. *CNT*, 28-31953 en Archivo del Ateneo Español de México caja 18 expediente 256.

54. Giménez Igualada, Miguel "Exposición de pinturas", en *Tierra y Libertad*, México. Archivo del Ateneo Español de México, caja 18, expediente 256.

55. Archivo del Ateneo Español de México, caja 18, expediente 256. Referencia hemerográfica.

56. Gaitán, Carmen. *Las artistas del exilio republicano español. El refugio latinoamericano.* Madrid, Cátedra, 2019. p.222

57. http://miguelangelmoralex-bitacora.blogspot.com/2010/07/

58. https://pacosalud.blogspot.com/2014/09/francisco-tortosa-anarquisya-del-grupo.html

59. "Y para terminar este inciso, puede recordarse al más viejo, y en cierto modo, más joven de los pintores trasterrados: Francisco Tortosa, el naif o instintivo catalán que en su ancianidad vuelve a pintar en México como lo había hecho en su infancia. Un curiosísimo caso humano y estético que mereció ser llevado a un salón de Bellas Artes a finales de los años cuarenta", Souto Alabarc, Arturo "Pintores trasterrados en México" en Varios Autores. El exilio español en México. 1939-1982. FCE, México, 1982. p.466.

60. Gaitán, Carmen. o.c. p.226.

61. Ramón y Cajal, Gastón Leval, Rolland, Robin, Tolstoi son solo algunos nombres de los centenares de hombres y mujeres que apoyaron la Escuela Moderna.

62. CDMH PS Madrid, 42.02895.

63. Martí Boscà, J.V. "Algunos hombres buenos: Francisco Trigo Domínguez", en *Revista de Salud Ambiental*, 14, 2014.

64. Trigo, Francisco: "La estructura sindical de la sanidad española", en *CNT*, nº 519, 17 de enero de 1937.

65. Causa General. FC Audiencia Madrid Criminal 80, exp. 1. Rollo nº 1424/1933 del sumario 539/1932 incoado por el Juzgado de Instrucción Colmenar Viejo a Trigo y a Francisco Tortosa con motivo de un mitin celebrado en el Ateneo Libertario de Tetuán y Cuatro Caminos el 11 de diciembre de 1932, en que se pronunciaron frases consideradas constitutivas de delito de injurias. Se produce el sobreseimiento con arreglo a la Ley de Amnistía de 24 de abril de 1934.

ÍNDICE

COLOSSUS
col·lecció
bressol de l'anarquia

TÍTOLS PUBLICATS

| 11 | *Movimiento libertario y educación en España (1901-1939)*,
Emili Cortavitarte Carral, 2019.

| 12 | *Mujeres libertarias en Jerez:*
El Sindicato de Emancipación Femenina. Pioneras del feminismo en la ciudad,
Aurore E. Van Echelpoel / Francisco J. Cuevas Noa, 2020.

| 13 | *La matanza del cuartel Carlos Marx*,
Agustín Guillamón, 2020.

| 14 | *Anarquistas en Portugal.*
De los orígenes al congreso obrero de Tomar de 1914,
Miguel Íñiguez, 2020.

| 15 | *La guerra invisible. Moros, afroamericanos y gitanos*
en la Guerra Civil (1936-   1939), Francesc Tur Balaguer, 2020.

| 16 | *Los revolucionarios de Kronstadt, 1921-2021*,
Frank Mintz, 2021.

| 17 | *Memorias de un anarquista rumano*,
Mechel Stanger, 2021.

| 18 | *La insurrección de campesinos de Jerez de 1892*,
Antonio López Estudillo / José Luis Gutiérrez Molina, 2022.

| 19 | *Voltairine de Cleyre. La perla del anarquismo*,
David Martín Sánchez, 2023.

| 20 | *Justicia, moralidad y prisión: una reflexión acerca del castigo*,
Silvia K. Döllerer, 2023.

| 21 | *Obreras anarquistas y sociedad en torno a La Mano Negra.*
Andalucía, fin de siglo,
Ignacio C. Soriano Jiménez, 2024.

| 22 | *La escuela sin dogmas. La comisión proescuelas racionalistas (1935).*
Miguel Á. Martínez Martínez

CALUMNIA

Esta primera edición de
La escuela sin dogmas.
La comisión proescuelas racionalistas (1935)
de MIGUEL Á. MARTÍNEZ MARTÍNEZ
se publicó el día 30 de noviembre de 2024
en memoria de Gastón Cremieux,
abogado defensor de los defavorecidos,
ejecutado tras un consejo de guerra
ese mismo día en Marsella